MICAELA STERMIERI

tutti a tavola!

Meine italienischen Familienrezepte

MICAELA STERMIERI

Meine italienischen Familienrezepte

Edition
Fackelträger

Inhalt

Italien, Taiwan, Indien und eine deutsche Wassermühle! Oder: Wie koche ich eine vegetarische Carbonara? 6

Meine Aroma-Philosophie.................. 10

Vorspeisen 28

Pasta und Reis 48

Fisch / Tofu....................... 88

Fleisch / Seitan und Soja............... 106

Ofengerichte...................... 140

Desserts......................... 158

Grundrezepte..................... 176

Rezeptverzeichnis.................. 208

Danksagung...................... 214

Italien, Taiwan, Indien und eine deutsche Wassermühle!

Oder:

Wie koche ich eine vegetarische Carbonara?

Die Idee zu diesem Buch entstand vor ungefähr 15 Jahren. Zu dieser Zeit entwickelte ich neben meinem Job als Kreativdesignerin in einer internationalen Modeagentur die Menüs für ein vegetarisches Restaurant von Freunden in Hamburg. Trotz der zeitlichen Intensität meines Berufes war es mir immer wieder ein dringendes Bedürfnis, mir genügend Zeit für das vegetarische Kochen zu nehmen. Aus reiner Freude daran.

Woche für Woche wählte ich neue Rezepte aus. Auf meinen Reisen durch Indien, Taiwan und andere exotische Länder hatte ich mich schon früh für die vegetarische Küche begeistert. Mein Fundus an Rezepten war also dementsprechend groß und ich wollte meine Begeisterung über die Möglichkeiten und die Vielfalt der vegetarischen Kochkunst mit an-

Buon appetito!

deren teilen. Als Italienerin mit einer grandios kochenden Mama liebe ich natürlich die italienische Küche, in deren Geheimnisse ich schon als Kind eingeführt wurde. Sie ist hier und da selbstverständlich auch fleischlos, aber Klassiker wie Spaghetti carbonara oder Vitello tonnato forderten mich einfach heraus, diese in köstliche vegetarische Rezepte umzuwandeln – und eines meiner ersten Experimente ließ meinem Mann daran zweifeln, dass das von mir servierte Vitello tonnato ohne Fleisch und Thunfischsauce zubereitet wurde!

Nun hielt mich nichts mehr ab und die Idee eines italienischen vegetarischen Kochbuchs mit Originalrezepten ging mir nicht mehr aus dem Kopf. Ich experimentierte mit Seitan, Tofu, indischen und taiwanesischen Gewürzen, bis ich und meine „Food-Dummys" zufrieden waren – das Ergebnis finden Sie auf den folgenden Seiten. Es lässt Vegetarier und natürlich auch alle anderen die italienische Küche fleischlos neu erfahren und genießen. Für diejenigen, die partout nicht ohne Fleisch auskommen können, sei gesagt, dass die Originalrezepte (sprich: mit Fleisch oder Fisch) ebenfalls in diesem Buch veröffentlicht sind.

Der Ort, der mir nicht nur die Umsetzung dieses Buches ermöglichte, ist unsere Wassermühle, in der ich und mein Mann leben. Hier komme ich zur Ruhe, kann entspannen, mich in meine Kochwelt zurückziehen – und die Kräuter werden bei Bedarf einfach frisch aus dem Garten gepflückt. Nachbarn und gute Freunde werden oft und gern hier empfangen und genießen das Sein bei Speis und Trank.

Dieser Ort lässt mich nach all meinen Reisen um die Welt ankommen. Nach all meinen Begegnungen und Erfahrungen auf diesem wunderschönen Planeten habe ich das Gefühl, an einem Ort angekommen zu sein, der für mich alles Wesentliche enthält: Westen, Osten, Vergangenheit, Zukunft und die allumfassende Gegenwart!

Einleitung | 7

Meine Aroma-Philosophie

Was ich in Deutschland am meisten vermisse: richtige, aromatische Tomaten! Ich erinnere mich daran und sehe sie auch jedes Mal, wenn ich in Italien bin – schöne, unförmige, grüne oder leicht orangefarbene Tomaten. Sie heißen „Cuore di bue" („Ochsenherz") und wenn man hineinbeißt, explodiert ein Feuerwerk der Aromen von süß, sauer, salzig bis würzig-aromatisch. In dicke Scheiben geschnitten auf einem Stück ungesalzenen Brot mit etwas Oregano und ein paar Tropfen bestem Olivenöl an einem warmen, sonnigen Nachmittag in den Mund befördert und man weiß, dass der Mensch wirklich wenig braucht, um glücklich zu sein! Ich finde diese Tomaten nirgendwo in meiner unmittelbaren Umgebung und das macht mich ein wenig unglücklich.

„Old habits die hard." In diesem Fall denke ich: zum Glück. Denn in Sachen „gutes Essen" will ich keine Zugeständnisse machen. Das hat etwas mit Lebensqualität zu tun und mit der Einstellung zu unserem Dasein auf dieser bunten Erde, die von Natur aus ihre Früchte hergibt, ohne vorher zu überlegen, ob sie genormt sind oder in die Gemüsekiste passen.

Also, bitter, aber wahr: Lieber eine Sauce aus guten italienischen Pomodori pelati oder Passata di pomodoro aus der Flasche (nicht diese metallisch schmeckenden pürierten Tomatenreste im Tetra Pak!) als wässrig schmeckende, genormte Treibhaustomaten.

10 | Meine Aroma-Philosophie

Nur die besten Zutaten

Ich verwende die besten, frischesten und im Idealfall biologische Zutaten, die ich auf dem regionalen Markt finden kann.

Besonders bei **Eiern** oder bei **Zitrusfrüchten**, deren Schale zum Aromatisieren benutzt wird, muss es sich ausschließlich um Bio-Produkte handeln, da gibt es keine Zugeständnisse. Ich habe das große Glück, Eier aus der Haltung unserer Freundin und Nachbarin bekommen zu können: Marta liebt ihre 50 Hühner, lässt sie jeden Morgen aus dem Stall an die frische Luft und bringt sie jeden Abend wieder in Sicherheit, nachdem sie sie mit reinen Körnern und trockenem Brot gefüttert hat.

Fleisch ist ein ebenso heikles Thema. Wenn ich kein Bio-Fleisch bekomme, verwende ich wenigstens welches aus meiner Gegend. Ich muss sicher sein, dass es aus artgerechter Tierhaltung stammt.

Fisch sollte auf jeden Fall frisch eingekauft und sehr schnell verzehrt werden. Auch hier ist es sehr wichtig, Herkunft sowie Fang- oder Zuchtbedingungen zu kennen. Finger weg etwa von spanischem Thunfisch, er enthält unter Umständen Quecksilber. Vor allem möchte ich sicher sein, dass bei seinem Fang keine Delfine oder anderer „Beifang" umsonst geopfert wurde!

Viele Ernährungsexperten bevorzugen mittlerweile Zuchtfische, um mögliche gesundheitliche Beeinträchtigungen durch Fisch aus verschmutzten Gewässern auszuschließen. Ebenso wichtig ist es, Salzwasserfisch möglichst mit Gräten, Flossen und Kopf als Ganzes zuzubereiten, wenigstens kleinere Exemplare. Das darin enthaltene Kalzium und die Mineralien gelangen bei hohen Temperaturen ins Fleisch und machen es umso gesünder, wertvoller und schmackhafter.

Pasta – tausend verschiedene Sorten, die meisten davon aus Hartweizen, Orecchiette aus Grieß, Eiernudeln .... Bei der Auswahl an Anbietern und Herstellungsarten lässt es sich richtig austoben, doch eines steht fest: keine Spaghetti aus Eierteig und keine Lasagne aus Hartweizen!

Beides ist mir schon auf die Gabel gekommen, ein Skandal, meiner Meinung nach, denn, so will es die Tradition: Eiernudeln sind aus dem Norden, sie werden von Hand aus feinem Mehl und Eiern hergestellt und verlangen nach kräftigen Saucen; Spaghetti bestehen aus Hartwei-

zengrieß und Wasser und haben „Biss", wir nennen sie auch „pasta secca", die trockene Pasta. – Alles andere ist in Italien tabu. Als ich einmal versehentlich Hartweizen-Lasagne zubereitet habe, schmeckte sie absolut fremd und die Platten ließen sich nicht richtig schneiden.

Italiener sind keine großen **Butter-** oder **Sahne-**Konsumenten, deswegen wird bei den wenigen Einsatzmöglichkeiten auch nicht daran gespart. Ich nehme aber lieber vegetarische, fettreduzierte Sahnevarianten oder gute Bio-Margarine statt Butter, nicht nur wegen der Kalorien, sondern auch wegen des Cholesterins.

Bei **Olivenöl** gilt die berühmte Regel: aus erster Pressung und kalt gepresst, im Idealfall aus einer Olivensorte. Kaufen Sie ein Olivenöl, das auf der Zunge etwas brennt: gut! Es ist auf jeden Fall eine hochwertige, sehr frische Sorte. Wer die leichte Schärfe daran nicht mag – einfach vier bis sechs Monate reifen lassen.

Essig: Nach dem Balsamico-Boom scheinen traditionelle Weinessige in Vergessenheit geraten zu sein. Leider ist ein echter Balsamessig ohne Zucker und Farbstoffe teuer. Echter Balsamico ist von sich aus „Bio", er wird in einem bestimmten Verfahren hergestellt und reift in Holzfässern über mehrere Jahre. Ich nehme gern, je nach Rezept oder Jahreszeit, gute Weiß- oder Rotweinessige. Echten Balsamico benutzte ich eher spärlich.

Parmesan sollte immer frisch gerieben werden! Finger weg von fertigen, nach alten Socken riechenden Tüten oder Dosen! Ihr Inhalt besteht aus geriebenen Käserinden und nicht aus Käse.
Aber: Die Rinde – wir nennen sie Kruste – niemals wegwerfen, sondern sauber abkratzen und in kochendem Risotto, Minestrone oder Sauce mitgaren lassen. Ich liebe es, die aufgeweichte Kruste abzuknabbern, aber vor allem verleiht sie den Gerichten ein feines, edles Aroma.
Wir unterscheiden zwischen jüngerem Parmesan, „da tavola" (für den Tisch), er wird am Stück auf den Tisch gestellt und gehobelt oder in kleinen Stückchen als Antipasto serviert. Mein Mann mag es, die Stückchen mit Trüffelöl zu beträufeln, schwarzen Pfeffer grob darüber zu mahlen und den Käse mit Zahnstochern zu versehen, bevor er den Teller herumreicht! In diesem Fall nehmen wir einen 12 bis 18 Monate gereiften Käse. Der Ältere, 24 bis 36 Monate gereifte Käse ist viel kräftiger im Geschmack wird für Hauptgerichte meistens gerieben eingesetzt.

Italienischer **Pecorino** reift ebenso unterschiedlich. Das Aromenspektrum reicht von den weichen, würzigen, jungen Sorten bis zu den Reibekäsesorten, die viel schärfer im Geschmack und von einer harten Konsistenz sind.

Was **Pilze** anbelangt, so kenne ich einige Menschen, die trockene Pilze verabscheuen. Das ist meiner Meinung nach ignorant, denn die Pilzsaison ist sehr kurz und ich frage mich, was all die Gourmetköche der letzten Jahrhunderte getan hätten, hätten sie keine Pilze trocknen können!
Meine Tante Berta in Cortina trocknet im Sommer Vorräte an Steinpilzen und Pfifferlingen für mehrere hochrangige Familien aus ganz Norditalien, damit sie in der kalten Jahreszeit ihren berühmten Risotti, Arrosti und Timballi den richtigen Pfiff an Aroma und Würze verleihen können.

Ich habe das große Glück, einen Garten vor der Tür zu haben, dementsprechend verfüge ich in der schönen Jahreszeit über frische **Kräuter**. Im Herbst ernte ich sie, um sie für den Winter entweder zu trocknen oder einzufrieren: Salbei, Rosmarin, Lorbeer, Thymian, Majoran, Schnittlauch, Oregano. Letzteres benutze ich nur im getrockneten Zustand, denn es schmeckt frisch bitter und weniger aromatisch.

Petersilie ist das meistgenutzte Kraut der italienischen Küche und der Bedarf ist kaum zu decken.
Ich kaufe gerne große Mengen glatter Petersilie, die ich putze und einfriere. Am besten wäre es natürlich, immer frische Petersilie zu verwenden – aber man kann nicht immer alles haben!
Beim empfindlichen Basilikum wenden wir einen Trick an: Wir kaufen ein bis zwei Pflänzchen davon im Bioladen, pflanzen sie sofort in größere Töpfe mit viel Erde um und behalten diese im Haus an einem hellen Ort; dort wächst und vermehrt sich Basilikum wunderbar. Diese Taktik funktioniert auch bei anderen Kräutern. Wer keinen Garten hat, braucht nur etwas Platz auf dem Balkon oder auf der Fensterbank.

Bei dem Begriff **Gemüsebrühe** sehe ich schon einige die Augen verdrehen: Wie kann man bloß so etwas Banales wie Gemüsebrühe verwenden! Was soll ich sagen? Wir benutzen sie sehr wohl, fertig vom Bioladen, natürlich ohne Glutamat und Hefe. Oder wir bereiten sie selbst zu, dafür habe ich ein tolles Rezept gefunden (s. Grundrezepte, S. 196). Wer unbedingt darauf verzichten möchte, bitte sehr, der wird mit dem Würzen anders dosieren, es geht auch ohne.

Meine Aroma-Philosophie

Die kleinen Unterschiede

Es gibt grundsätzliche Unterschiede zwischen italienischen und nicht-italienischen Zutaten, die für den Grundgeschmack eines Gerichts entscheidend sind. Meistens geht es um den milderen Geschmack der Ersten. Hier sind einige Beispiele:

Prosciutto cotto vs. deutscher Kochschinken
Prosciutto cotto schmeckt viel milder, fast süßlich und trocken, die Konsistenz ist nicht zu fest. Kochschinken ist wesentlich salziger und ich empfinde ihn als „gummiartig" und sehr nach Salzlake schmeckend.

Einfache Pancetta vs. Bauchspeck
Pancetta wird erst einige Tage mit Salz, Pfeffer, manchmal mit Kräutern bedeckt, danach zusammengerollt und bis zu 60 Tage zum Trocknen aufgehängt. Zart im Geschmack wird Pancetta in verschiedenen Variationen u.a. sehr dünn geschnitten als Brotbelag genossen. Sie ist meistens weniger fett als Bauchspeck.

Prosciutto crudo (der berühmteste in Deutschland ist Parmaschinken) vs. Schwarzwälder oder auch Serranoschinken
Die Italiener schaffen es immer wieder, nur mit wenig Salz und guter Luft: süßlich, schön trocken, dünn geschnitten – er sollte im Mund zerschmelzen!

Gorgonzola vs. Blauschimmel- oder Schimmelkäse
Auch hier spielen Geschmack und Konsistenz eine wesentliche Rolle. Bester Gorgonzola ist dickflüssig und sahnig-mild im Geschmack mit einer scharfen Note. Schimmelkäse erinnert mich eher an einen „verschimmelten" Camembert!

Unsere vegetarischen Freunde

Tofu ist ein wertvoller, vielseitiger Verbündeter in der fleischlosen Küche. Ich kenne viele Sorten in Deutschland hergestellten Tofus vom täglich frisch gelieferten Tofu aus dem Asiamarkt bis zum verpackten Tofu aus dem Bioladen oder zum super-hart gepressten Discounter-Tofu. Je nach Bedarf verwende ich die eine oder andere Sorte.

Die wichtigste Voraussetzung für garantiert guten Geschmack jedes Tofugerichts ist eine lange Marinierzeit. Je länger, desto besser, auf jeden Fall mindestens zwölf Stunden. Ich empfehle sogar 24 Stunden oder noch länger zu marinieren – es lohnt sich! Tofu schmeckt keinesfalls langweilig.

Haben Sie einen guten, vertrauenswürdigen Asiamarkt in Ihrer Nähe, empfehle ich frischen Tofu als Fischersatz. Mein asiatischer Händler hat mir jedenfalls zugesichert, die Sojabohnen zur Herstellung seines Tofus seien nicht genmanipuliert. Alternativ verwende ich am liebsten Tofu der Firma „Taifun" aus dem Bioladen. Er ist schön geschmeidig, sowohl in der Konsistenz als auch im Geschmack, und natürlich nicht aus genmanipulierten Sojabohnen hergestellt.

Als Schinkenwürfelersatz bevorzuge ich richtig hartgepresste Sorten, auch in der biologischen Ausführung mittlerweile fast überall zu bekommen.

Auch bei Räuchertofu ist nach mehrjährigem Experimentieren der einzig Wahre der „Taifun"-Tofu. Nur mit dieser Sorte Räuchertofu schmecken meine Gerichte auch so, wie ich es erwarte:

Er schmeckt rauchig und hat die richtige Salznote und Konsistenz, harmonisch aufeinander abgestimmt.

Tempeh ist ein Sojabohnenerzeugnis, das mit bestimmten Schimmelpilzkulturen fermentiert und zusammengepresst wird. In Form rechteckiger „Kuchen" der Größe von ca. 20 x 7 x 4 cm wird er in den Kühlregalen der Asia- und Bio-Läden angeboten. Im Tiefkühlfach hält er sich bis zu einem Jahr. Tempeh ist sehr saugfähig und benötigt daher sehr kurze Marinierzeiten. Sein

Geruch im rohen Zustand erinnert mich an den Duft von Leber, deswegen verwende ich ihn u. a. als Leberersatz. Er kann aber auch herrlich knusprig wie ein Stück Speck gebraten werden.

Beim **Tofukäse** handelt es sich um konservierte Tofuwürfel in Sesamöl, die ich aus Taiwan kenne. Sie waren in der Vergangenheit die einzige Würze im täglichen Reis armer Familien, die sich keine Beilagen leisten konnten. Dieser cremige „Käse" ist sehr stark im Geschmack und erinnert mich an Anchovis. Er ist ausschließlich in den Regalen asiatischer Lebensmittelgeschäfte zu finden und ist eines der wenigen konservierten Produkte, die keine künstlichen Aromen oder Geschmacksverstärker enthalten.

Da dieses Produkt nach dem Öffnen des Glases, auch wenn es im Kühlschrank aufbewahrt wird, relativ schnell umkippt und nur noch bitter schmeckt, habe ich mir angewöhnt, es einzufrieren, und zwar direkt im Glas. Die Tofuwürfel werden nicht richtig hart, man kann sie sogar im tiefgekühlten Zustand aus dem Öl löffeln und hat so sehr lange etwas davon.

Meine Aroma-Philosophie

Sojafleisch ist in den USA bekannt als TVP (Textured Vegetable Protein), wird aus entfettetem Sojamehl gewonnen und ist ein hervorragender Fleischersatz – reich an Proteinen, fettarm und vor allem glutenfrei. Es wird im trockenen Zustand als Granulat und alternativ in Stücken oder Steaks angeboten. Beim Kochen benötigt es einen würzigen Sud und eine lange Marinier- bzw. Kochzeit. Sojasteaks müssen aufgekocht werden und mehrere Stunden ziehen, um sie dann je nach Rezept weiterzuverarbeiten.

Seitan ist ein Weizenprotein auf Glutenbasis, also ein Weizenerzeugnis, das cholesterinfrei und reich an Aminosäuren ist, aber leider nicht für Gluten-Allergiker geeignet ist. Dieses Produkt eignet sich hervorragend als Fleischersatz und wird in Bio-Läden angeboten – dort allerdings leider nur in Sojamarinade eingekocht, und das macht es für die italienische Küche uninteressant.

Daher habe ich also die Entscheidung getroffen, Seitan selbst zuzubereiten und ihn in einem eigens kreierten Sud einzukochen. Aus 1 kg Weizenmehl entstehen ca. 550 g Seitan; diese Menge reicht für eine Mahlzeit für 4 Personen. Alternativ kann man auch Glutenmehl verwenden, hier wurde die Stärke bereits dem Gluten entzogen. Das erspart zwar das Auswaschen der Stärke, das Mehl ist dafür aber um ein Vielfaches teurer als herkömmliches Mehl.

Da das Herstellen von Seitan etwas langwierig ist, bereite ich mittlerweile immer 2 kg Mehl auf, damit ich immer genug Vorrat habe. Seitan kann in Gefrierbeuteln eingefroren und so mehrere Monate aufbewahrt werden. Vor dem Einfrieren kann der Seitan bereits etwa zu gulaschgroßen Stücken, Schnitzeln oder zu größeren Stücken geteilt oder geformt werden. Später sollte der Kochtopf groß genug sein, damit die Stücke im Sud genug Platz haben und nicht aneinander kleben, denn der ausgewaschene Teig nimmt an Volumen und Gewicht beim Kochen zu: Aus 1 kg Mehl produzierter Teig reduziert sich durch das Auswaschen auf ca. 400 g, erreicht beim Kochen aber wieder ein Volumen von ca. 550 bis 600 g.

Ich habe auch mit Kochbeuteln experimentiert und z. B. Seitanstücke mit etwas Sud in einem Gefrierbeutel eingekocht. Die Konsistenz wird dadurch deutlich fester. Hier sollte jeder testen, was ihm am besten schmeckt bzw. wie er den Seitan weiterverarbeiten möchte. Ich drücke aus dem gekochten Seitan vor der weiteren Verarbeitungen gründlich den Sud heraus, damit er die Aromen des jeweiligen Gerichtes umso besser aufnehmen kann. Die geschnittenen Stücke röste ich kurz in einer heißen Pfanne mit ein paar Tropfen Öl und drücke mit einem Holzlöffel die Restflüssigkeit sanft heraus.

Contorni e antipasti

Vorspeisen

Wann auch immer ich Vorspeisen zubereite, kehre ich in meiner Erinnerung in unsere italienische Küche zurück, an den Tisch vor dem Fenster, das sich zum Garten öffnet.

Ich sehe und rieche noch die Zypressenbäume und die Rosenbüsche, wenn an den Sommerabenden die Gärten gesprengt wurden und der Duft von feuchter Erde und blühenden Pflanzen mit der warmen Luft verschmolz.

Insalata di valeriana e tempeh croccante

(Feldsalat mit gebratenem Tempeh)

Zutaten für 4 Personen:

400 g Feldsalat
1 Scheibe Tempeh, ca. 4 cm dick, mariniert, vorgebraten (s. Grundrezept S. 183) und klein gewürfelt
2 EL Olivenöl
3 TL Aceto balsamico
1/2 TL Honig
Salz und Pfeffer

Wir putzen und waschen den Feldsalat sehr gründlich und schleudern ihn trocken.
Öl, Aceto und Honig in einer Pfanne erhitzen und den marinierten, vorgebratenen Tempeh dazugeben. Gründlich mischen, mit Salz und Pfeffer abschmecken und die noch heiße Mischung auf den Salat geben. Rasch mischen und sofort servieren, denn die zarten Salatblätter sollen nicht „zerkochen"; alternativ den ungewürzten Salat anrichten und das Dressing separat reichen.
Toll als Vorspeise oder als Begleitung zu Gegrilltem.

*Vorbereitungszeit
ca. 20 Minuten*

Insalata di valeriana e pancetta croccante
(Feldsalat mit gebratenen Pancettawürfeln)

Wir putzen und waschen den Feldsalat sehr gründlich und schleudern ihn trocken.

Pancetta in einer Antihaftpfanne knusprig braten, aus der Pfanne nehmen und zugedeckt beiseite stellen. Öl, Aceto und Honig in derselben Pfanne erhitzen und Pancetta wieder dazugeben. Gründlich mischen, mit Salz und Pfeffer abschmecken und die noch heiße Mischung auf den Salat geben. Rasch mischen und sofort servieren, denn die zarten Salatblätter sollen nicht „zerkochen"; alternativ den ungewürzten Salat anrichten und das Dressing separat reichen. Toll als Vorspeise oder als Begleitung zu Gegrilltem.

Zutaten für 4 Personen:

400 g Feldsalat
1 Scheibe Pancetta
(Bauchspeck),
ca. 1/2 cm dick
2 EL Olivenöl
3 TL Aceto balsamico
1/2 TL Honig
Salz und Pfeffer

Vorbereitungszeit
20 Minuten

Dieses Rezept stammt aus Sizilien, das Gericht ist äußerst schmackhaft und schnell zuzubereiten! Wieviel Öl, Essig und Honig sie nehmen, hängt ganz von Ihrem persönlichen Geschmack ab.

Pomodori ripieni al tofu

(Mit Tofu gefüllte Tomaten)

Zutaten für 4 Personen:

4 große oder 8 kleinere Fleischtomaten,
nicht komplett gereift
ca. 300 g sehr festen Tofu
ein paar Blättchen Petersilie
etwas mehr als
1 TL eingelegte Kapern
Salz, Pfeffer
1 Prise Kräutersalz
1 Schuss Bio-Sonnenblumenöl
1/2 Würfel Tofukäse in Sesamöl
1 TL Kapernessig
(Flüssigkeit aus dem Glas)

Tomaten waschen und trocken tupfen. Dann schneiden wir den Deckel mit dem Stielansatz ab und entfernen das Fruchtfleisch und die Kerne. Ich salze sie gerne ganz leicht und stelle sie „kopfüber", damit sie „schwitzen" und sich später kein Wasser im Inneren sammelt.

Wir hacken jetzt den Tofu zusammen mit der Petersilie und den Kapern sehr fein. Kräftig mit Salz, Kräutersalz und Pfeffer würzen. Mit Sonnenblumenöl cremig gerührten Tofukäse und Kapernessig unter die Tofumasse heben. Abschmecken und eventuell mit etwas scharfem Essig nachwürzen.

Bedenken Sie, dass die Zutaten erst durch längeres Ziehenlassen ihren Geschmack voll entfalten und vom Tofu aufgenommen werden. Wir können also diese Creme nach einigen Stunden noch einmal kosten und eventuell nachwürzen, auch noch Tofukäse zugeben. Es wäre doch schade, wenn die Creme zu salzig oder zu pikant würde!

Die Tomaten füllen, kühl stellen und 1 Stunde ziehen lassen.
Mit frischem Ciabatta oder gerösteten Scheiben Pane toscano und einem kühlen, trockenen Weißwein wie z. B. Orvieto oder Capri servieren.

*Vorbereitungszeit
ca. 20 Minuten
plus Marinierzeit
(mind. 8 Stunden,
besser über Nacht)*

Pomodori ripieni al tonno
(Mit Thunfisch gefüllte Tomaten)

Zutaten für 4 Personen:

4 große oder 8 kleinere Fleischtomaten, nicht zu reif
1 Dose (ca. 200 g) Thunfischfilets in Öl
ein paar Blättchen Petersilie
1 EL kleine eingelegte Kapern
3–4 EL Mayonnaise
Salz und Pfeffer

Tomaten waschen und trocken tupfen. Dann schneiden wir den Deckel mit dem Stielansatz ab und entfernen das Fruchtfleisch und die Kerne. Ich salze sie gerne ganz leicht und stelle sie „kopfüber", damit sie „schwitzen" und sich später kein Wasser im Inneren sammelt.
Wir hacken jetzt die abgetropften Thunfischfilets zusammen mit der Petersilie und den Kapern ziemlich fein. Soviel Mayonnaise untermischen, bis eine leicht cremige Masse entsteht. Mit Salz und Pfeffer abschmecken.
Die Tomaten füllen, kühl stellen und 1 Stunde ziehen lassen.
Mit frischem Ciabatta oder gerösteten Scheiben Pane toscano und einem kühlen, trockenen Weißwein wie z.B. Orvieto oder Capri servieren.

Vorbereitungszeit
ca. 20 Minuten plus
ca. 1 Stunde Marinierzeit

Meine Mutter bereitete dieses Gericht besonders gern an sommerlichen Abenden zu: Warmes Essen war nicht angesagt und Kochen umso weniger. Es ist eines der ersten Rezepte, an die ich mich als siebenjährige wagte, es ist leicht zuzubereiten und für ein Kind weniger gefährlich, wenn man ein Wiegemesser statt eines herkömmlichen Messers benutzt. Kapern verleihen dieser Füllung dank ihres leicht scharfen, aromatischen Geschmacks die Hauptnote.

Fagiolini al tempeh
(Prinzessböhnchen mit Tempeh)

Zutaten für 4 Personen:

*500 g frische Prinzessböhnchen
Salz, Pfeffer aus der Mühle
etwas Sonnenblumenöl zum Anbraten
1/2 Gemüsezwiebel, klein gehackt
100 g marinierter und vorgebratener Tempeh (s. Grundrezept S. 183), gehackt
1 Schuss Aceto balsamico (je nach Geschmack)*

Ich dämpfe die gesäuberten Böhnchen in einem (Schnell)Kochtopf in einem Sieb über kochendem Salzwasser, bis sie al dente sind.
Währenddessen erhitze ich etwas Sonnenblumenöl in einer großen Pfanne und lasse darin die gehackte Zwiebel goldbraun werden. Dann gebe ich den Tempeh dazu, schmecke mit Pfeffer ab und brate alles kross an.
Jetzt die knackigen Böhnchen zugeben. Auf hoher Flamme mit Balsamico ablöschen und bedeckt ca. 10 Minuten ziehen lassen.
Das Gericht passt hervorragend zu gebackenen Tofu- oder Seitangerichten, Käseplatten oder Gegrilltem.

Vorbereitungszeit ca. 20 Minuten

Dieses Rezept stammt aus der Region Veneto – ich finde es ideal als Beilage zu leichten Abendessen.

Fagiolini alla pancetta

(Prinzessböhnchen mit Bauchspeck)

Zutaten für 4 Personen:

500 g frische Prinzessböhnchen
Salz, Pfeffer aus der Mühle
etwas Sonnenblumenöl zum Anbraten
1/2 Gemüsezwiebel, klein gehackt
100 g Bauchspeck, in feine Streifen geschnitten
1 Schuss Weißwein (je nach Geschmack)

Ich dämpfe die gesäuberten Böhnchen in einem (Schnell)Kochtopf in einem Sieb über kochendem Salzwasser, bis sie al dente sind.

Währenddessen erhitze ich etwas Sonnenblumenöl in einer großen Pfanne und lasse darin die gehackte Zwiebel goldbraun werden. Dann gebe ich den Bauchspeck dazu, schmecke mit Pfeffer ab und brate alles kross an. Jetzt die knackigen Böhnchen zugeben. Auf hoher Flamme mit Weißwein ablöschen und bedeckt ca. 10 Minuten ziehen lassen. Das Gericht passt hervorragend zu leichten Grillgerichten, gedämpftem Fisch oder Käseplatten.

Vorbereitungszeit ca. 25 Minuten

Cipolle ripiene con seitan e tempeh
(Gefüllte Zwiebeln mit Seitan und Tempeh)

Zutaten für 4 Personen:

50 g Tempeh
2 EL Sonnenblumenöl
Salz und Pfeffer aus der Mühle
50 g Sojagranulat
150 ml Gemüsebrühe
4 große Zwiebeln
(aus 1 Brühwürfel)
4 große Zwiebeln
etwa 60 g Butter zum Anbraten und für die Backform (Tempeh und Soja geben kein Fett ab)
100 g Sahne
1 Ei
5 EL Parmesan, gerieben
1 Amarettokeks, fein zerbröselt
1 Prise Muskatnuss
2 EL Grappa
3 EL Semmelbrösel, in Butter gebräunt

Den Ofen auf 200 °C (Ober- und Unterhitze) vorheizen.
Wir marinieren den Tempeh mit 2 EL Öl und einer guten Prise Salz und Pfeffer für 20 Minuten. Inzwischen das Sojagranulat in heißer Brühe zugedeckt 20 Minuten aufquellen lassen.
Zwiebeln schälen und in kochendes Salzwasser geben, 15 Minuten leise köcheln und dann vorsichtig durch ein Sieb abgießen. Wir legen sie auf ein Geschirrhandtuch und halbieren sie quer. Mit einem Löffel jeweils sehr vorsichtig bis auf ca. 1/3 aushöhlen. Die Hälfte des Zwiebelfleisches hacken wir sehr fein und geben es dann zur Sojamischung.
Den marinierten Tempeh zerbröseln und in etwas mehr als 30 g Butter scharf anbraten. Das Sojagranulat durch ein Sieb abgießen, ausdrücken und fein hacken, bevor wir es mitbraten. Die Sojamischung sollte etwa 10 Minuten weiterbraten.
Sahne dazugeben, damit das Ganze nicht zu trocken wird, vom Feuer nehmen und kurz abkühlen lassen.
Unter die Sojamischung 1 Ei, 4 EL Parmesan und den Keks heben, mit Salz, Pfeffer und Muskatnuss würzen.
Mit der Mischung füllen wir die Zwiebeln und legen sie in eine mit Butter eingefettete Backform. Etwas Grappa darüber träufeln und mit Semmelbröseln und restlichen Parmesan bestreuen.
Insgesamt sollen die Zwiebeln 45 Minuten backen; für die ersten 20–25 Minuten lege ich Alufolie darauf – so werden sie nicht zu schnell knusprig, sondern garen erst durch, bevor sie dann schön goldbraun werden.

*Vorbereitungszeit
ca. 1 Stunde 30 Minuten
plus 20 Minuten
Marinierzeit für Tempeh*

Cipolle ripiene alla piemontese
(Gefüllte Zwiebeln piemonteser Art)

Zutaten für 4 Personen:

40 g Salsiccia (rohe, grobe Fleischwurst)
30 g Butter
150 g Kalbfleisch, sehr fein gehackt
4 große Zwiebeln
1 Ei
5 EL Parmesan, gerieben
1 Amarettokeks, fein zerbröselt
Salz und Pfeffer aus der Mühle
1 Prise Muskatnuss
3 EL Semmelbrösel, in Butter gebräunt
2 EL Grappa
etwas Butter zum Anbraten und für die Backform

Den Ofen auf 200 °C (Ober- und Unterhitze) vorheizen.

Wir häuten die Wurst, zerbröseln sie und braten sie kurz in einer Pfanne in 20 g Butter an, bevor wir das Hackfleisch zufügen. Gründlich mischen, gut anbraten und vom Feuer nehmen.

Zwiebeln schälen und in kochendes Salzwasser geben, 15 Minuten leise köcheln und dann vorsichtig durch ein Sieb abgießen. Wir legen sie auf ein Geschirrhandtuch und halbieren sie quer. Mit einem Löffel jeweils sehr vorsichtig bis auf ca. 1/3 aushöhlen. Die Hälfte des Zwiebelfleisches hacken wir sehr fein und geben es dann zur Fleischmischung.

Unter das Fleisch 1 Ei, 4 EL Parmesan und den Keks heben, mit Salz, Pfeffer und Muskatnuss würzen.

Mit der Mischung füllen wir die Zwiebeln und legen sie in eine mit Butter eingefettete Backform. Etwas Grappa darüber träufeln und mit Semmelbröseln und restlichem Parmesan bestreuen.

Insgesamt sollen die Zwiebeln 45 Minuten backen; für die ersten 20–25 Minuten lege ich Alufolie darauf – so werden sie nicht zu schnell knusprig, sondern garen erst durch, bevor sie dann schön goldbraun werden.

Vorbereitungszeit ca. 1 Stunde 30 Minuten

Zwiebeln aus dem Piemont sind besonders mild und süßlich. Da es in Deutschland nicht so einfach ist, welche zu bekommen, nehme ich weiße Zwiebeln, die ganz ähnliche Eigenschaften haben. Kleiner Tipp: Wer keine Zwiebeln mag, kann sie durch große Pilze ersetzen. Vor dem Füllen von innen und außen mit ein wenig Sonnenblumenöl bepinseln und innen mit Salz, Pfeffer und Muskatnuss würzen. Die Stiele fein hacken und mit der Fleischmischung anbraten.

Vorspeisen | 37

Finocchi gratinati con tempeh
(Fenchelgratin mit Tempeh)

Den Ofen heize ich auf 180 °C vor.

Zuerst entferne ich die äußeren Blätter des Fenchels, halbiere die Knollen und schneide sie von der Mitte heraus in ca. 1 cm dicke Scheiben. Unter fließendem kalten Wasser oder in einer Salatschleuder waschen und schön trocken tupfen.

In einer großen Antihaftpfanne – der Fenchel soll knusprig werden und nicht schmoren, also braucht er reichlich Platz – erhitze ich Butter oder Margarine. Darin den Fenchel bei hoher Flamme scharf anbraten, mit Salz, Pfeffer und Muskatnuss würzen und von beiden Seiten leicht bräunen lassen. Aufgepasst, er soll „Biss" behalten! Mit ein wenig Weißwein beträufeln, schnell verdampfen lassen und die Pfanne vom Feuer nehmen, aber warm halten.

Béchamelsauce zubereiten und Mozzarella in winzige Würfeln schneiden. – Ich hacke ihn, das geht schneller!

In eine leicht gefettete Backform lege ich eine Schicht Fenchel, darüber Tempeh. Darauf streue ich Mozzarellawürfel, aber nicht zu üppig.

Mit etwas Béchamelsauce übergießen und Schicht für Schicht wiederholen, bis alle Zutaten aufgebraucht sind; zum Schluss mit Mozzarella bestreuen. In den Ofen damit! Das Gratin ist fertig, wenn die obere Schicht eine leicht goldene Farbe angenommen hat.

Vorbereitungszeit
ca. 30 Minuten
plus Bratzeit
plus 10 Minuten Backzeit

Zutaten für 4 Personen:

2–3 mittelgroße
Fenchelknollen
Butter oder Margarine
zum Anbraten
Salz und Pfeffer aus
der Mühle
Muskatnuss
1 Schuss trockener
Weißwein
1/3–1/2 l Béchamelsauce
(s. Grundrezept S. 190)
1 oder 2 Mozzarella
12–20 Scheiben marinierter und vorgebratener
Tempeh (s. Grundrezept
S. 183)

Finocchi gratinati con pancetta
(Fenchelgratin mit Bauchspeck)

Meine Tante Bertilla servierte uns diesen Auflauf oft, wenn wir sie im Winter in Cortina besuchten. Als kleine Portion ist das eine tolle Vorspeise. Mit knusprig gebackenen Kartoffelscheiben kann man das Gratin als Hauptgang servieren.

Den Ofen heize ich auf 180 °C vor.

Zuerst entferne ich die äußeren Blätter des Fenchels, halbiere die Knollen und schneide sie von der Mitte heraus in ca. 1 cm dicke Scheiben. Unter fließendem kalten Wasser oder in einer Salatschleuder waschen und schön trocken tupfen.

In einer großen Antihaftpfanne – der Fenchel soll knusprig werden und nicht schmoren, also braucht er reichlich Platz – erhitze ich Butter oder Margarine. Darin den Fenchel bei hoher Flamme scharf anbraten, mit Salz, Pfeffer und Muskatnuss würzen und von beiden Seiten leicht bräunen lassen. Aufgepasst, er soll „Biss" behalten! Mit Weißwein beträufeln, schnell verdampfen lassen und die Pfanne vom Feuer nehmen, aber warm halten.

Béchamelsauce zubereiten und Mozzarella in winzige Würfeln schneiden. – Ich hacke ihn, das geht schneller!

Pancetta kross rösten.

In eine leicht gefettete Backform lege ich eine Schicht Fenchel, darüber Pancetta. Darauf streue ich Mozzarellawürfel, aber nicht zu üppig.

Mit etwas Béchamelsauce übergießen und Schicht für Schicht wiederholen, bis alle Zutaten aufgebraucht sind; zum Schluss mit Mozzarella bestreuen.

In den Ofen damit! Das Gratin ist fertig, wenn die obere Schicht eine leicht goldene Farbe angenommen hat.

Vorbereitungszeit ca. 30 Minuten plus ca. 10 Minuten Backzeit

Zutaten für 4 Personen:

2–3 mittelgroße Fenchelknollen
Butter oder Margarine zum Anbraten
Salz und Pfeffer aus der Mühle
Muskatnuss
1 Schuss trockener Weißwein
1/3 bis 1/2 l Béchamelsauce (s. Grundrezept S. 190)
1 oder 2 Mozzarella
6–10 dünne Scheiben milde, magere Pancetta (oder Bauchspeck)

Funghi (o seitan) tofate
(Pilze – oder Seitan – in Tofusauce)

Zutaten für 4 Personen:

*500 g Seitan
(s. Grundrezept S. 178)
in dünnen Scheiben
(Alternative: 8 Parasol-
Pilzköpfe bzw. Austern-
pilze
etwas Öl
Salz und Pfeffer aus
der Mühle
400 g frischer Tofu
2 1/2 Würfel Tofükäse
in Sesamöl
2 Eigelb
3 EL Kapern
Saft 1/2 Zitrone
ein Schuss von dem
Kapernessig
1 Prise Puderzucker
1/2 Glas Sonnenblumenöl*

Den Seitan rösten wir in einer sehr leicht geölten Pfanne und lassen ihn dann abkühlen.
Entscheiden wir uns alternativ für Pilze, bepinseln wir sie mit Öl und würzen mit Salz und Pfeffer. Für einige Minuten unter dem Grill rösten und leicht abkühlen lassen.
In der Zwischenzeit zerbröseln wir den Tofu und pürieren ihn mit den restlichen Zutaten gründlich.
Wir streichen etwas von der Creme auf eine Servierplatte, verteilen darauf Seitan- oder Pilzscheiben und bedecken sie mit der restlichen Sauce.
Die mit Folie bedeckte Platte für einige Stunden in den Kühlschrank stellen und 1 Stunde vor dem Servieren wieder heraus nehmen.

*Vorbereitungszeit
ca. 30 Minuten plus
mindestens 12 Stunden
Marinierzeit*

Bereiten wir das Gericht am frühen Morgen vor, können wir es am Abend schon genießen. Oder wir bereiten es am Vorabend vor und lassen umso länger marinieren.

Vitello tonnato
(Kalbfleisch in Thunfischsauce)

Zutaten für 4 Personen:

0,75 l Weißwein
1 Möhre
1 Zwiebel
1 Selleriestaude
1 Sträußchen Petersilie
1 Lorbeerblatt
1 Zitrone
600 g Kalbsnuss
Salz und Pfeffer aus der Mühle
150 g Thunfisch in Öl
250 g Mayonnaise
3 Anchovisfilets
2 EL in Essig eingelegte Kapern (oder etwas mehr, je nach Geschmack)

Wir gießen so viel Wein und Wasser in einen hohen Kochtopf, dass das Fleisch später komplett bedeckt ist.
Die geputzte und grob geschnittene Möhre, Zwiebel, Selleriestaude, die Petersilie, das Lorbeerblatt und etwas Zitronenschale (nur die gelbe, äußerer Schale) geben wir dazu und bringen das Ganze zum Kochen,
Jetzt legen wir die mit Küchengarn gebundene Kalbsnuss hinein, salzen und pfeffern. Zugedeckt leise für etwa 1 Stunde 30 Minuten köcheln lassen.
In dieser Zeit nehmen wir uns die Sauce vor: Es empfiehlt sich, diesen Arbeitsgang direkt nach dem Vorbereiten des Fleisches durchzuführen, damit die Sauce gut ziehen kann und die Aromen sich entfalten.

Am besten benutzen wir dafür einen Pürierstab oder Mixer.
Den abgetropften und zerbröselten Thunfisch, die Mayonnaise, die Anchovisfilets und die Kapern in eine höhere Schüssel geben und gründlich pürieren, bis wir eine feincremige Konsistenz erreichen.
Das abgekühlte Fleisch schneiden wir mit einem sehr scharfen Messer in sehr dünne Scheiben und richten sie auf einer Servierplatte an. Darauf verteilen wir die cremige Sauce, und stellen die mit Folie bedeckte Platte für einige Stunden in den Kühlschrank.
1 Stunde vor dem Servieren wieder aus dem Kühlschrank nehmen.

Vorbereitungszeit plus Abkühlzeit ca. 3 Stunden 30 Minuten, mindestens 6 Stunden Marinierzeit. Wir benötigen etwa 1 Stunde 30 Minuten fürs Kochen des Fleisches und etwa 2 Stunden zum Abkühlen.

Dieses sommerliche Rezept stammt aus der Region Piemont, auch wenn Thunfisch und Kapern nicht unbedingt zu den regionalen Produkten gehören. Aber genau diese Kombination verleiht dem Gericht einen einmaligen Geschmack. Thunfisch und Kapern: Meiner Meinung nach ein wahres Dream-Team! Bei der Abkühlprozedur scheiden sich die Geister. Bei manchem Gericht ist es absolut wichtig, das Fleisch in der Brühe langsam abkühlen zu lassen; das kann aber weit über zwei Stunden dauern. Bei anderen Gerichten wird geraten, das Fleisch unmittelbar nach dem Ausschalten des Herdes auf einem Brett oder Teller abkühlen lassen. So riskieren wir aber, dass das Fleisch leicht trocken wird.

Olive farcite
(Mit Seitan und Tempeh gefüllte Oliven)

Zutaten für 4–6 Personen:

40 große grüne Oliven (im Idealfall schon entkernt)
1 EL Butter
100 g Seitan, gehackt
100 g marinierter, vorgebratener Tempeh (s. Grundrezept S. 183), gehackt
wenig Salz und Pfeffer aus der Mühle
Muskatnuss
1/2 Glas trockener Weißwein
1 Ei
40 g geriebener Parmesan
etwas Mehl
1 Schuss Milch
Paniermehl
Frittierfett oder Olivenöl zum Anbraten

Wenn wir keine entkernten Früchte finden: Oliven mit einem scharfen kleinen Messer vorsichtig vom Kern befreien, aber die Olive in einem Stück lassen. Butter in einem kleinen Topf zerlassen und Seitan-Tempeh-Mischung einige Minuten anbraten. Mit Salz, Pfeffer und Muskat würzen. Bei erhöhter Temperatur mit Wein ablöschen, den wir fast vollkommen verdampfen lassen, und die Flamme ausstellen.

Das Ei trennen. Eiweiß mit Parmesan cremig schlagen und unter die Seitan-Tempeh-Mischung heben. Mit dieser Mischung füllen wir die Oliven.

Nun wälzen wir die Oliven kurz in Mehl, dann im geschlagenen und mit etwas Milch verlängerten Eigelb, zum Schluss im Paniermehl.

Wer eine Fritteuse besitzt, dem empfehle ich, sie jetzt einzusetzen! Für alle anderen: Wir erhitzen in einer Pfanne reichlich Olivenöl und braten die panierten Oliven darin, bis sie rund herum goldbraun sind.
Bis zum Servieren warm halten und einen kühlen trockenen Weißwein dazu reichen.

Vorbereitungszeit ca. 1 Stunde 30 Minuten

Olive farcite
(Mit Fleisch gefüllte Oliven)

Zutaten für 4–6 Personen:

40 große grüne Oliven (im Idealfall schon entkernt)
1 EL Butter
100 g gemischtes Hackfleisch
1 Scheibe Prosciutto crudo, einige mm dick, fein gehackt
1 Scheibe Pancetta (oder milder Bauchspeck), einige mm dick, fein gehackt
wenig Salz und Pfeffer aus der Mühle
Muskatnuss
1/2 Glas trockener Weißwein
1 Ei
40 g geriebener Parmesan
etwas Mehl
1 Schuss Milch
Paniermehl
Frittierfett oder Olivenöl zum Anbraten

Wenn wir keine entkernten Früchte finden: Oliven mit einem scharfen kleinen Messer vorsichtig vom Kern befreien, aber die Olive in einem Stück lassen. Butter in einem kleinen Topf zerlassen und Hackfleisch, Prosciutto und Pancetta einige Minuten anbraten. Mit Salz, Pfeffer und Muskat würzen. Bei erhöhter Temperatur mit Wein ablöschen, den wir fast vollkommen verdampfen lassen, und die Flamme ausstellen. Das Ei trennen. Eiweiß mit Parmesan cremig schlagen und unter die Fleischmischung heben.

Mit dieser Mischung füllen wir die Oliven.

Nun wälzen wir die Oliven kurz in Mehl, dann im geschlagenen und mit etwas Milch verlängerten Eigelb, zum Schluss im Paniermehl.

Wer eine Fritteuse besitzt, dem empfehle ich, sie jetzt einzusetzen! Für alle anderen: Wir erhitzen in einer Pfanne reichlich Olivenöl und braten die panierten Oliven darin, bis sie rund herum goldbraun sind.

Bis zum Servieren warm halten und einen kühlen trockenen Weißwein dazu reichen.

Vorbereitungszeit ca. 1 Stunde 30 Minuten

Ich habe dieses Gericht zum ersten Mal in der Region Marche (Marken) probiert. In Italien ist es mittlerweile ein beliebtes Fertiggericht, das es in Feinkostläden für Zuhause zum Aufwärmen gibt. Die Vorbereitung dauert etwas länger und eine gewisse Fingerfertigkeit ist auch nötig. Oliven zu entkernen macht mir persönlich keinen großen Spaß, deswegen: Falls sie große, fleischige, entkernte Oliven finden – gut! Sie sollen allerdings schön fest und nicht aufgeweicht sein. Da ich hier in Deutschland noch keine Theke entdeckt habe, die diese Köstlichkeit anbietet, nehme ich dann also doch die Arbeit auf mich! Manch einer empfiehlt, Oliven so wie eine Orange spiralförmig zu schälen, ich finde es aber schwer. Ich schäle lieber mit dem Messerchen so nah wie möglich am Kern entlang.

Frittata di spinaci con striscioline di tempeh

(Omelettes mit Tempehstreifen und Spinat)

Zutaten für 4 Personen:

ca. 150 g (3 Hände voll) frischer Spinat
3 Eier
50 g Sahne oder Milch
100 g geriebener Parmesan
6 Scheiben marinierter, vorgebratener Tempeh (s. Grundrezept S. 183), in dünne Streifen geschnitten
etwas schwarzer Pfeffer aus der Mühle
2 EL Olivenöl zum Braten

Wir lassen den gewaschenen Spinat in einem Topf ohne Wasser zusammenfallen, drücken den Rest Feuchtigkeit aus und hacken ihn grob.

In einer größeren Schüssel schlagen wir die Eier auf und geben alle Zutaten bis auf das Öl dazu, rühren sehr gründlich und lassen die Mischung ein paar Minuten ruhen.

Das Öl in einer mittelgroßen (ca. 20 cm Durchmesser) Antihaftpfanne erhitzen, die Eiermischung dazugeben und zudecken. Bei niedriger Flamme stocken lassen. Damit Eier und Käse nicht anbrennen, rütteln wir die Pfanne ab und zu leicht. Nach ca. 10–15 Minuten stürzen wir das Omelett auf einen Teller und lassen es so gewendet wieder in die Pfanne gleiten. Weitere 5–10 Minuten stocken lassen. Danach ein paar Minuten abkühlen lassen und in Streifen oder Rauten geschnitten auf einem Salatbett anrichten. Ich mag Endivien in einem leichten Olivenöl-Zitronendressing.

Vorbereitungszeit ca. 30 Minuten plus ca. 15 Minuten Marinierzeit

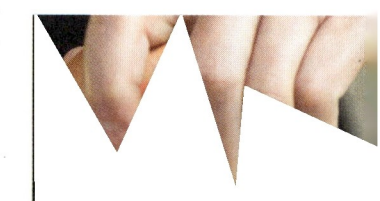

44 | Vorspeisen

Frittata di spinaci e prosciutto

(Omelettes mit Schinken und Spinat)

Zutaten für 4 Personen:

ca. 150 g (3 Hände voll) frischer Spinat
3 Eier
50 g Sahne oder Milch
100 g geriebener Parmesan
3 Scheiben Prosciutto crudo, in dünne Streifen geschnitten
etwas schwarzer Pfeffer aus der Mühle
2 EL Olivenöl zum Braten

Wir lassen den gewaschenen Spinat in einem Topf ohne Wasser zusammenfallen, drücken den Rest Feuchtigkeit aus und hacken ihn grob.

In einer größeren Schüssel schlagen wir die Eier auf und geben alle Zutaten bis auf das Öl dazu, rühren gut durch und lassen die Mischung ein paar Minuten ruhen.

Das Öl in einer mittelgroßen (ca. 20 cm Durchmesser) Antihaftpfanne erhitzen, die Eiermischung dazugeben und zudecken. Bei niedriger Flamme stocken lassen. Damit Eier und Käse nicht anbrennen, rütteln wir die Pfanne ab und zu leicht. Nach ca. 10–15 Minuten stürzen wir das Omelett auf einen Teller und lassen es so gewendet wieder in die Pfanne gleiten. Weitere 5 bis 10 Minuten stocken lassen.

Danach ein paar Minuten abkühlen lassen und in Streifen oder Rauten geschnitten auf einem Salatbett anrichten. Ich mag Endivien in einem leichten Olivenöl-Zitronendressing.

Vorbereitungszeit ca. 30 Minuten

Dieses Rezept kommt aus Chiavari in Ligurien, wo ich mich im Sommer 1982 mit meiner Freundin Giulia im Haus ihrer Eltern auf die Dolmetscherprüfungen vorbereitet habe.
Das Gericht ist schnell zubereitet und gibt Energie, ohne schwer im Magen zu liegen. In Streifen geschnitten auf einem Salatbett angerichtet ergibt es eine frische Vorspeise.

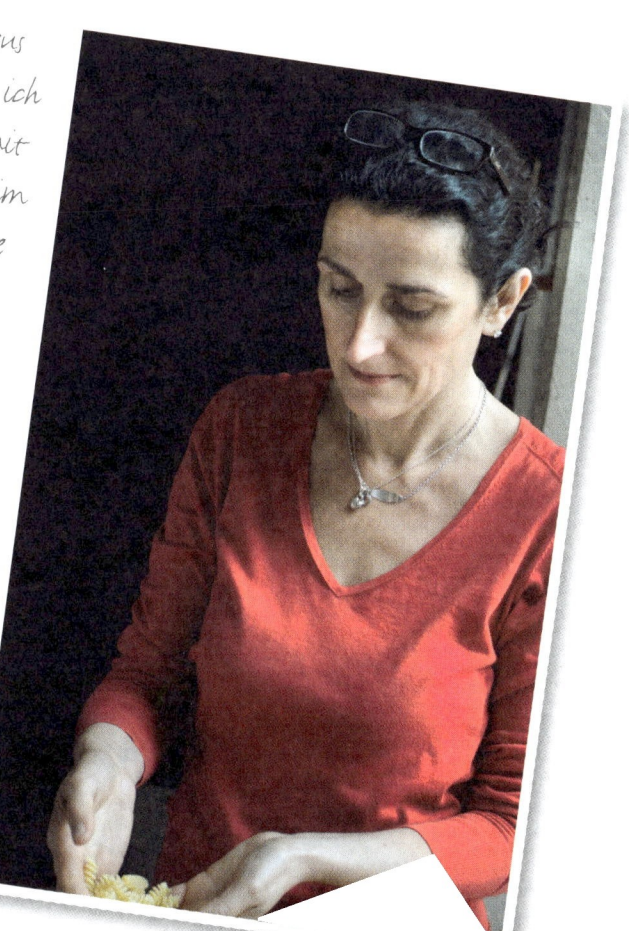

Vorspeisen

Cuscinetti di pandorato
(Goldene Brotkisschen mit Tofukäse)

Das Öl in einer großen Pfanne erhitzen.
Eier, Salz und Pfeffer in einer Schüssel gut miteinander verrühren.
Rinde der Brotscheiben entfernen. Je Kisschen 1 Scheibe Brot mit einer cremig gerührten Mischung aus fein gehackten Kapern, Tofukäse und einigen Tropfen Öl dünn bestreichen und kurz in Milch tauchen. 1 Mozzarellascheibe darauflegen und mit einer zweiten in Milch getauchten Brotscheibe bedecken. In zwei Dreiecke teilen und diese in die Eiermischung tauchen.
Sofort in die heiße Pfanne geben und auf jeder Seite goldbraun braten.
Auf Küchenkrepp das überflüssige Fett aufsaugen lassen und bis zum Servieren warm halten.
Ich serviere dazu einen kleinen leichten Feldsalat.

Vorbereitungszeit ca. 30 Minuten

Zutaten für 4 Personen:

Sonnenblumenöl zum Braten (genug, dass die Hälfte des Brotes darin schwimmt)
2 Eier
Salz und Pfeffer aus der Mühle
8 Scheiben Kastenweißbrot oder Toastbrot
1 TL Kapern, fein gehackt
1/2 Würfel Tofukäse
Olivenöl
250 ml Milch
8 dünne Scheiben Mozzarella

Cuscinetti di pandorato
(Goldene Brotkisschen mit Sardellen)

Öl in einer großen Pfanne erhitzen.
Eier, Salz und Pfeffer in einer Schüssel gut miteinander verrühren.
Rinde der Brotscheiben entfernen, je Kisschen 1 Scheibe Brot mit fein gehackten Sardellenfilets bestreichen und kurz in Milch tauchen.
1 Mozzarellascheibe darauflegen und mit einer zweiten in Milch getauchten Brotscheibe bedecken. In zwei Dreiecke teilen und diese in die Eiermischung tauchen.
Sofort in die heiße Pfanne geben und auf jeder Seite goldbraun braten.

Auf Küchenkrepp das überflüssige Fett aufsaugen lassen und bis zum Servieren warm halten.
Ich serviere dazu einen kleinen leichten Feldsalat.

Vorbereitungszeit ca. 30 Minuten

Zutaten für 4 Personen:

Sonnenblumenöl zum Braten (genug, dass die Hälfte des Brotes darin schwimmt)
2 Eier
Salz und Pfeffer aus der Mühle

8 Scheiben Kastenweißbrot oder Toastbrot
4 Sardellenfilets, fein gehackt
250 ml Milch
8 dünne Scheiben Mozzarella

Dieses Rezept stammt aus der Küche Mittel- und Süditaliens. Meine Mutter lernte es kennen, als wir in Rom lebten, wo es „mozzarella in carrozza" (Mozzarella in der Kutsche) genannt und ohne Sardellen zubereitet wird – ich finde das etwas langweilig. Als Mama einmal meine dreijährige Schwester fragte: „Alessandra, vuoi la mozzarella?" (Willst du Mozzarella) kam zackig die knappe Antwort: „Sì, in carrozza!" Kinder lieben das Gericht und die Zubereitung, man kann dabei so schön matschen! Nur beim Frittieren sollten die Erwachsene wieder dabei sein. Hier geht's um eine ziemlich mächtige Vorspeise, ich empfehle daher, ein Brotdreieck pro Person mit einem kleinen Feldsalat zu servieren, das reicht wirklich. Sollen die cuscinetti als erster Gang serviert werden, nehme ich zwei davon und habe hier die Zutaten dafür abgewogen.

Vorspeisen | 47

Pasta e riso
Pasta und Reis

Wir haben zu Hause oft zusammen gekocht. Der größte Spaß stand an, wenn unsere Mutter ungefähr zweimal im Jahr ankündigte: „Morgen machen wir Gnocchi!" Wir waren ein perfekt eingespieltes Team. Mamma machte den Kartoffelteig, meine Schwester rollte und schnitt ihn aus, ich war für die Formgebung zuständig, mein Bruder für das Kochen der Gnocchi und mein Vater durfte alles in die Backform schichten, bevor sie schließlich im Ofen landete. Ein Fest für die Götter!

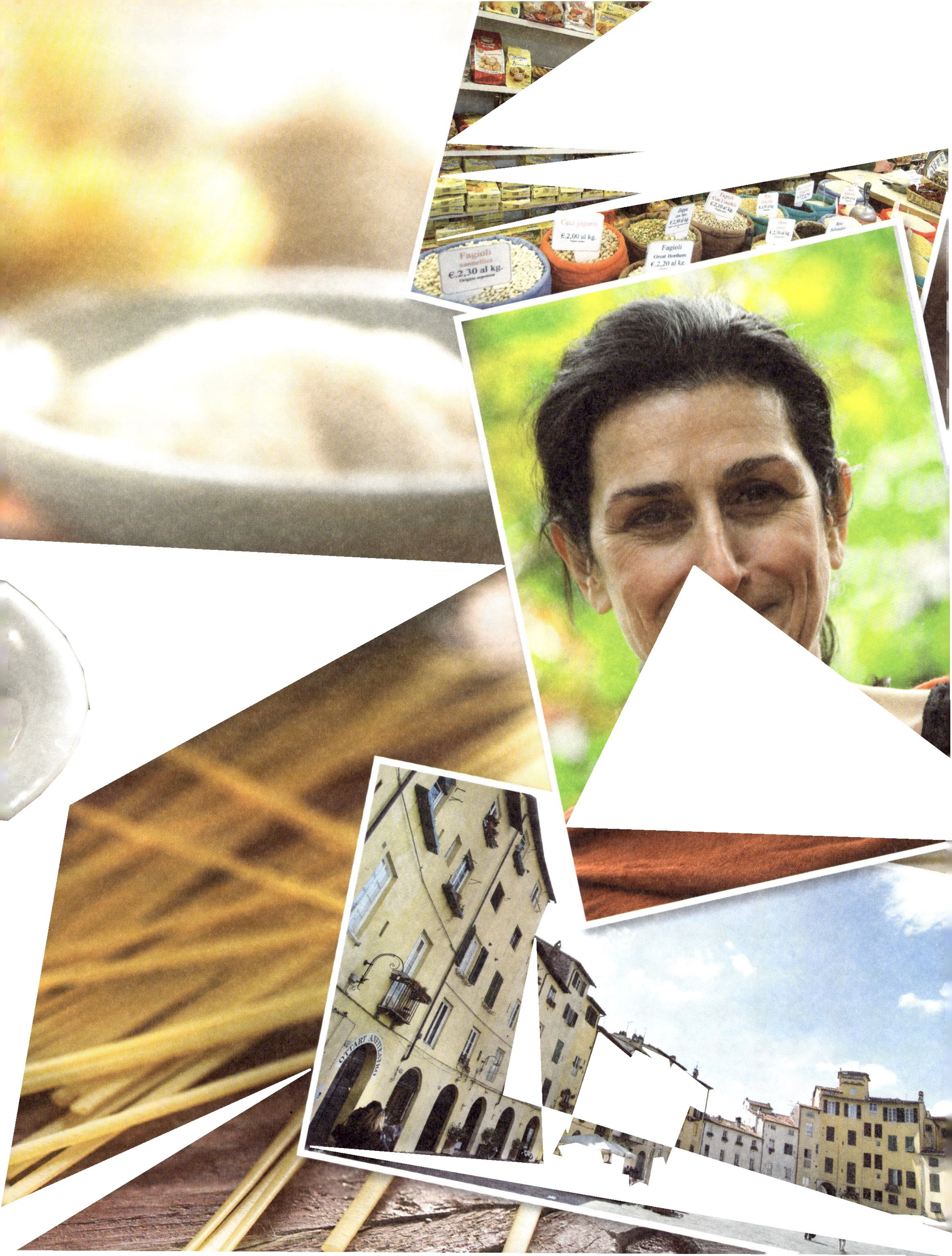

Fettuccine panna, piselli e tofu

(Fettuccine mit Sahne, Erbsen und mariniertem Tofu)

Zutaten für 4 Personen:

200 g frische oder tiefgefrorene Erbsen
200 g fester, marinierter Tofu (s. Grundrezept S. 183)
in längeren Rechtecken von ca. 1/2 cm Breite
30 g Butter
150 g Sahne
Salz und bunter Pfeffer aus der Mühle
300 g Fettuccine (aus Eierteig)

Erbsen in reichlich kochendem Salzwasser weich garen (ca. 4 Minuten, je nach Größe der Erbsen) und mit kaltem Wasser abschrecken, damit sie ihre Farbe behalten.

In der Zwischenzeit nehmen wir die Tofustreifen aus der Marinade, tupfen sie schön trocken und brutzeln sie in einer großen Pfanne in zerlassener Butter goldbraun. Erbsen hinzufügen und auf kleiner Flamme 3–4 Minuten weiterbraten. Dann gießen wir die Sahne dazu und schmecken mit Salz und Pfeffer ab.

Gleichzeitig kochen wir die Fettuccine in reichlich Salzwasser al dente. Abgießen und zur inzwischen dickflüssigen Sauce geben. Unterheben und die Pfanne ordentlich rütteln – „far saltare la pasta" (Pasta in der Pfanne springen lassen, Profiköche lassen die Zutaten wirklich springen!). So mischt sich die Pasta mit der Sauce am besten, ohne eine klebrige Masse zu werden. Noch etwa 1 Minute weiterköcheln.

Vorbereitungszeit
ca. 30 Minuten

Fettuccine panna, piselli e prosciutto
(Fettuccine mit Sahne, Erbsen und Schinken)

Zutaten für 4 Personen:

200 g frische oder tiefgefrorene Erbsen
200 g Prosciutto cotto (gekochter Schinken) in 2 Scheiben
30 g Butter
150 g Sahne
Salz und bunter Pfeffer aus der Mühle
300 g Fettuccine (aus Eierteig)

Erbsen in reichlich kochendem Salzwasser weich garen (ca. 4 Minuten, je nach Größe der Erbsen) und mit kaltem Wasser abschrecken, damit sie ihre Farbe behalten.

In der Zwischenzeit schneiden wir die Schinkenscheiben in Streifen von ca. 2 x 1/2 cm und braten sie in einer großen Pfanne in zerlassener Butter langsam an. Erbsen hinzufügen und auf kleiner Flamme 3–4 Minuten weiterbraten.

Dann gießen wir die Sahne dazu und schmecken mit Salz und Pfeffer ab. Gleichzeitig kochen wir die Fettuccine in reichlich Salzwasser al dente. Abgießen und zur inzwischen dickflüssigen Sauce geben. Unterheben und die Pfanne ordentlich rütteln – „far saltare la pasta" (Pasta in der Pfanne springen lassen, Profiköche lassen die Zutaten wirklich springen!). So mischt sich die Pasta mit der Sauce am besten, ohne eine klebrige Masse zu werden. Noch etwa 1 Minute weiterköcheln.

Vorbereitungszeit
ca. 30 Minuten

Nach unserem Umzug von Bozen nach Rom, ich war fünf Jahre alt, besuchten wir regelmäßig unsere Verwandten in Bozen und wohnten gewöhnlich bei Tante Anna. Wir machten bei fast jedem Besuch – fast ein Ritual! – frische Tagliatelle wie für eine ganze Armee ... Die ganze Wohnung wurde beschlagnahmt. Mein Onkel und mein Vater bauten komische Gerüste aus Schranktüren und Besenstielen, auf die die Nudeln zum Trocknen gehängt wurden. Wir Kinder, fünf insgesamt, bedienten die Teigmaschine und rannten mit ausgestreckten Armen voller fertiger Nudeln zu den Vätern, die sie dann aufhängten. Die Betten waren mit frischen Leinentüchern ausgelegt, auf denen die halbtrockenen Tagliatelle zu kleinen Nestern geformt wurden und weiter trockneten. Es wurde zusammen zubereitet, zusammen gegessen, jeder hat einen Teil zum Gelingen beigetragen – gemeinsames Kochen schweißt zusammen. Bei der Teamarbeit verband uns ein warmes, stilles Gefühl der Zusammengehörigkeit. Vielleicht habe ich gerade deshalb, egal, wo ich mich auf dieser Welt aufgehalten habe, immer den Weg zur Küche gesucht und gefunden.

Bucatini all' amatriciana
(Tempeh-Tomatensauce)

Dies ist ein Klassiker aus der Provinz Amatri in den Abruzzi und ich bekam das Rezept per Brief von meiner Kusine Anna aus Bozen. Wir haben uns damals oft geschrieben und Rezepte ausgetauscht. Sie war elf, ich acht.

Zutaten für 4 Personen:

300 g reife Tomaten
5 EL Olivenöl
1 kleiner Peperoncino
Salz und Pfeffer aus der Mühle
1 Prise Zucker
ggf. 2 EL passierte Tomaten (falls das Ganze zu trocken wirkt)
150 g marinierter, vorgebratener Tempeh (s. Grundrezept S. 183)
300 g Bucatini
50 g römischer Pecorino

Tomaten für genau 10 Sekunden in kochendes Wasser geben und häuten, vierteln und die Samen entfernen. Wir schneiden sie dann weiter in grobe Stücke.

Olivenöl in einer Pfanne erhitzen und darin den zerbröselten Peperoncino anbraten. Die Tomatenstücke dazugeben und mit Salz, Pfeffer und einer Prise Zucker würzen und weiter gut anbraten. Ggf. passierte Tomaten zufügen und zugedeckt 10–15 Minuten auf kleiner Flamme köcheln lassen. Erst eine Minute vor Ende der Garzeit Tempeh zur Tomatensauce geben, damit er nicht weich wird, sondern schön knusprig bleibt.

Zwischendurch kochen wir die Bucatini in reichlich Salzwasser al dente. Abschütten und direkt in die Pfanne mit der heißen Sauce mischen. Die Pasta auf einem Servierteller mit Pecorino bestreuen und servieren.

Vorbereitungszeit ca. 40 Minuten

Tipp: Nie vergessen – die Sauce kann auf die Pasta warten, doch die Pasta nie auf die Sauce!

Bucatini all´ amatriciana
(Speck-Tomatensauce)

Tipp: Falls wir keine perfekt duftenden und schmeckenden reifen Tomaten auftreiben können, empfehle ich, auf geschälte Tomaten der besten Qualität umzusteigen, abgetropft und von den Samen befreit, dann grob geschnitten. Die Sauce würde sonst einfach wässrig schmecken!

Tomaten für genau 10 Sekunden in kochendes Wasser geben und häuten, vierteln und die Samen entfernen. Wir schneiden sie dann weiter in grobe Stücke.

Den Speck in schmale Streifen von 2 x 1/3 cm schneiden und in einer großen Pfanne in heißem Olivenöl auf mittlerer Flamme 4–5 Minuten anbraten. Ist der Speck kross durchgebraten, fügen wir den Peperoncino hinzu und lassen ihn kurz mitbraten, bevor wir die Tomaten dazugeben.

Wir schmecken mit Salz, Pfeffer und Zucker ab, fügen je nach Bedarf passierte Tomaten hinzu und lassen zugedeckt für 10–15 Minuten weiterköcheln. Zwischendurch kochen wir die Bucatini in reichlich Salzwasser al dente. Abschütten und direkt in die Pfanne mit der heißen Sauce mischen. Die Pasta auf einem Servierteller mit Pecorino bestreuen und servieren.

Zutaten für 4 Personen:

300 g reife Tomaten
150 g Guanciale di maiale (durchwachsener Speck vom Schweinekopf) oder Pancetta arrotolata (magerer Speck)
5 EL Olivenöl
1 kleiner Peperoncino
Salz und Pfeffer aus der Mühle
1 Prise Zucker
ggf. 2 EL passierte Tomaten (falls das Ganze zu trocken wirkt)
300 g Bucatini
50 g römischer Pecorino

Vorbereitungszeit ca. 30 Minuten

Spaghetti alla carbonara

(Spaghetti mit Räuchertofu)

Zutaten für 4 Personen:

*200 g Räuchertofu
2 EL Olivenöl
1 Knoblauchzehe
300 g Spaghetti
3 Eigelb
Salz und schwarzer Pfeffer aus der Mühle (grob gemahlen)
50 g geriebener Pecorino romano*

Wir würfeln den Tofu in 1/2 x 1/2 cm große Stückchen und lassen ihn richtig kräftig in einer Pfanne mit heißem Olivenöl und einer gepressten Knoblauchzehe (später entfernen) auf kleiner Flamme 5–8 Minuten knusprig braten.

Die Spaghetti in reichlich sprudelndem Salzwasser al dente kochen. Hier mit dem Salz vorsichtig umgehen, da sowohl der Pecorino als auch der Tofu schon sehr würzig sind!

In der Zwischenzeit schlagen wir die Eigelb mit 2/3 des Pecorinos schön cremig.

Wir gießen die Pasta ab und stellen etwas Kochwasser zur Seite. Pasta in die Pfanne mit dem bratenden Tofu gleiten lassen und gründlich mischen.

Jetzt nehmen wir die Pfanne vom Feuer und gießen die Ei-Käsecreme über die Spaghetti – kräftig rühren, damit die Eier nicht gerinnen. Etwas Kochwasser angießen, falls es zu trocken wirkt.

Wir bestreuen die Pasta mit Pecorino und mahlen rasch Pfeffer darüber.

*Vorbereitungszeit
ca. 20 Minuten*

Es gibt mittlerweile mehrere Sorten geräucherten Tofu im Angebot, manche leicht gewürzt, manche pur, d.h., man schmeckt nur den „Rauch". Meine Lieblingssorte ist „Taifun"-Tofu aus dem Bioladen: Er ist leicht salzig und sehr feinwürzig geräuchert.

Spaghetti alla carbonara
(Spaghetti mit Pancetta affumicata)

Der Klassiker der römischen Küche!

Zutaten für 4 Personen:

*200 g Pancetta affumicata (oder Räucherspeck)
2 EL Olivenöl
1 Knoblauchzehe
300 g Spaghetti
3 Eigelb
Salz und schwarzer Pfeffer aus der Mühle (grob gemahlen)
50 g geriebener Pecorino romano*

Wir würfeln die Pancetta in 1/2 x 1/2 cm große Stückchen und lassen sie in einer Pfanne mit heißem Olivenöl und einer gepressten Knoblauchzehe (später entfernen) auf kleiner Flamme 5–8 Minuten braten.

Die Spaghetti in reichlich sprudelndem Salzwasser al dente kochen. Hier mit dem Salz vorsichtig umgehen, da sowohl der Pecorino als auch die Pancetta schon sehr würzig sind!

In der Zwischenzeit schlagen wir die Eigelb mit 2/3 des Pecorinos schön cremig.

Wir gießen die Pasta ab und stellen etwas Kochwasser zur Seite. Pasta in die Pfanne mit der bratenden Pancetta gleiten lassen und gründlich mischen.

Jetzt nehmen wir die Pfanne vom Feuer und gießen die Ei-Käsecreme über die Spaghetti – kräftig rühren, damit die Eier nicht gerinnen. Etwas Kochwasser angießen, falls es zu trocken wirkt.

Wir bestreuen die Pasta mit Pecorino und mahlen rasch Pfeffer darüber.

*Vorbereitungszeit
ca. 20 Minuten*

Als mein Vater mich zum ersten Mal in Hamburg besuchte, hauste ich in einer 16 (!) m²-„Wohnung", deren Küche aus einer elektrischen Herdplatte bestand. Zum Mittagessen führte ich ihn in ein italienisches Restaurant und er bestellte Spaghetti alla carbonara. – Ich glaube, zu der Zeit nahmen es manche Restaurantbesitzer nicht so genau mit den Originalrezepten. Als das Gericht auf den Tisch kam, verschlug es ihm die Sprache: Über den ganzen Teller verteilt lagen riesige Zwiebelspalten, roh! Zwiebeln haben hier nichts verloren, weder angebraten noch roh, und außerdem kann mein Vater dieses Gemüse überhaupt nicht ausstehen, höchstens fein gehackt in Soffritto. Er entfernte die Zwiebeln und aß den Rest, der auch nach Zwiebeln schmeckte „coi denti alti". An den anderen beiden Tagen seines Besuchs haben wir uns von selbst belegten Panini ernährt. Hamburg hat kulinarisch keinen guten Eindruck bei ihm hinterlassen und der Schock sitzt immer noch tief.

Pasta und Reis

Orecchiette mediterranee con formaggio di tofu

(Mediterrane Orecchiette mit Tofukäse)

Zutaten für 4 Personen:

1 Würfel Tofukäse
1 TL Kapern
1 Sträußchen Rucola
1 Spritzer Zitrone
Olivenöl
250–300 g Büffelmozzarella
400 g Orecchiette
(gern etwas mehr, da diese Pastasorte beim Kochen kaum „wächst")
250 g halbierte Kirschtomaten
Salz und schwarzer Pfeffer aus der Mühle

Wir zerdrücken den Tofukäse etwas mit einer Gabel, bevor wir ihn in einem Mixer mit Kapern, Rucolablättern, Zitrone und Olivenöl zu einem geschmeidigen Pesto verrühren. Dann schneide ich Mozzarella in kleine Würfel, während die Orecchiette in reichlich Salzwasser kochen – diese Nudeln brauchen viel länger als andere Sorten. Wer mag, halbiert Kirschtomaten und schmort sie kurz in wenig Olivenöl, salzen. Wenn die Orecchiette gar sind, abgießen und kurz unter lauwarmem Wasser abspülen. In einer Schüssel mit dem Pesto mischen, dann die Mozzarellawürfel und die Tomaten untermengen. Zum Schluss mahle ich reichlich schwarzen Pfeffer darüber.

Vorbereitungszeit
ca. 20 Minuten

Auch dieses Rezept stamm aus der zauberhaften Küch meiner Tante, die lange in Bari lebte. Wir haben das Gericht als Kinder regelrecht verschlungen! D mals war Rucola praktis unbekannt, doch die sü italiener wussten es bess

Pasta und Reis

Orecchiette mediterranee con acciughe
(Mediterrane Orecchiette mit Anchovis)

Zutaten für 4 Personen:

4 Anchovis
1 Sträußchen Rucola
1 Spritzer Zitrone
Olivenöl
250–300 g Büffelmozzarella
400 g Orecchiette
(gern etwas mehr, da diese Pastasorte beim Kochen kaum „wächst")
250 g halbierte Kirschtomaten
Salz und schwarzer Pfeffer aus der Mühle

Aus Anchovis, Rucolablättern, Zitrone und Olivenöl stelle ich mithilfe eines Mixers ein geschmeidiges Pesto her.
Dann schneide ich Mozzarella in kleine Würfel, während die Orecchiette in reichlich Salzwasser kochen – diese Nudeln brauchen viel länger als andere Sorten.
Wer mag, halbiert Kirschtomaten und schmort sie kurz in wenig Olivenöl, salzen.

Wenn die Orecchiette gar sind, abgießen und kurz unter lauwarmem Wasser abspülen.
In einer Schüssel mit dem Pesto mischen, dann die Mozzarellawürfel und die Tomaten untermengen. Zum Schluss mahle ich reichlich schwarzen Pfeffer darüber.

Vorbereitungszeit
ca. 20 Minuten

Meine italienische Freundin Barbara aus Carpi überredete mich einmal, aus meinem selbstgewählten deutschen Alltag auszubrechen und mit ihr ein paar Tage in Italien zu verbringen. Sie schlug vor, Alcatraz zu besuchen. Alcatraz in Italien? War das nicht ein ungemütlicher Felsen mit düsteren Gestalten irgendwo im Pazifik oder lebte ich wirklich schon zu lange im Ausland? Schnell klärte sie mich auf: Alcatraz sei ein Kulturzentrum und Biohof nahe Gubbio. Ein wunderbar verrückter Ort, idyllisch zwischen Hügeln gelegen, an dem man Seminare besuchen oder die Zeit einfach nur am Pool inmitten schöner Natur genießen kann. Am ersten Abend in einer Trattoria auf dem Marktplatz von Gubbio wurde mir wieder einmal sch(m)erzhaft klar, vor wie langer Zeit ich Italien den Rücken gekehrt hatte. Barbara bestellte Trenette con acciughe e basilico und ich als selbstbewusste Vegetarierin saltimbocca alla Romana, die ich doch tatsächlich für ein Nudelgericht hielt. Barbara tauschte geistesgegenwärtig die Teller aus und sagte zu dem verdutzt dreinschauenden Kellner: „Sie kommt aus Deutschland!" So kam ich in den Genuss köstlicher Trenette im legendären italienischen Alcatraz.

Trenette con formaggio di tofu e basilico

(Trenette mit Tofukäse und Basilikum)

Zutaten für 4 Personen:

*300 g Trenette
Olivenöl
3 Knoblauchzehen
2 trockene, zerdrückte Peperoncini
1 TL gehackte Kapern
2 reife, gehackte Fleischtomaten
Salz und Pfeffer aus der Mühle
1 1/2 Tofukäse
1 EL Semmelbrösel
1 Bund Basilikum
3 EL geriebener Parmesan*

Statt der Trenette kann man für dieses Gericht auch Linguine oder Spaghetti nehmen. Ich ziehe Trenette vor, weil sie eine etwas rauere Oberfläche haben und die Sauce besser aufnehmen.

Während die Pasta kocht, braten wir in einer großen Antihaftpfanne in reichlich Öl den Knoblauch, die Peperoncini und die Kapern an. Wir geben jetzt die Tomaten hinzu und schmecken mit Salz und Pfeffer ab. Ein paar Minuten köcheln lassen, die Tomaten sollen aber noch fast roh bleiben.

Den Tofukäse zerdrücken wir mit einer Gabel zu einer cremigen Paste. In einer Extrapfanne rösten wir die Semmelbrösel in etwas Öl golden. Die Basilikumblätter ziemlich fein hacken. Ist die Pasta al dente, abschütten und in die Pfanne gleiten lassen, die jetzt wieder auf dem Feuer steht – den Tofukäse gut untermischen und kräftig schütteln (saltare). Wir nehmen die Pfanne vom Feuer, fügen Semmelbrösel und Basilikum hinzu, mischen das Ganze vorsichtig und streuen Parmesan darüber. Direkt in der Pfanne servieren.

*Vorbereitungszeit
ca. 20 Minuten*

58 | Pasta und Reis

Trenette con acciughe e basilico
(Trenette mit Anchovis und Basilikum)

Zutaten für 4 Personen:

*300 g Trenette
Olivenöl
3 Knoblauchzehen
2 trockene, zerdrückte Peperoncini
4 Anchovisfilets
2 reife, gehackte Fleischtomaten
Salz und Pfeffer aus der Mühle
1 EL Semmelbrösel
1 Bund Basilikum
3 EL geriebener Parmesan*

Vorbereitungszeit ca. 20 Minuten

Während die Pasta kocht, braten wir in einer großen Antihaftpfanne in reichlich Öl den Knoblauch, die Peperoncini und die Anchovisfilets an.

Wir geben jetzt die Tomaten hinzu und schmecken mit Salz und Pfeffer ab. Ein paar Minuten köcheln lassen, die Tomaten sollen aber noch fast roh bleiben. In einer Extrapfanne rösten wir die Semmelbrösel in etwas Öl golden.

Die Basilikumblätter ziemlich fein hacken.

Ist die Pasta al dente, abschütten und in die Pfanne gleiten lassen, die jetzt wieder auf dem Feuer steht – und kräftig schütteln (saltare).

Wir nehmen die Pfanne vom Feuer, fügen Semmelbrösel und Basilikum hinzu, mischen das Ganze vorsichtig und streuen Parmesan darüber. Direkt in der Pfanne servieren.

Pasta und Reis

Supplì alla romana

*Zutaten für 4–6 Personen
(ca. 20 Bällchen):*

*Tomatensauce
(s. Grundrezept S. 184)
50 g marinierter,
vorgebratener Tempeh
(s. Grundrezept S. 183)
50 g Sojagranulat
150 ml kräftige
Gemüsebrühe
1 Handvoll getrocknete
Mischpilze (alternativ
2–3 frische Pilze guter
Qualität)
1 mittelgroße Zwiebel
2 EL gehackte Petersilie
4–5 EL passierte Tomaten
1 EL Tomatenmark
Salz und Pfeffer
aus der Mühle
300 g Risottoreis (z. B.
Avorio, Arborio, Vialone)
500 ml Gemüsebrühe
oder -fond
etwas Öl zum Anbraten
50 g geriebener
Parmigiano
1 EL Butter
2 Eier
1 Mozzarella
1 Tasse selbst geriebenes
Paniermehl
reichlich Öl oder Butter-
schmalz zum Frittieren*

Zuerst bereiten wir die Tomatensauce zu. Dies kann auch einige Stunden vor der Zubereitung der Kroketten geschehen.
Für die Füllung würfeln wir den Tempeh klein. Das Sojagranulat in Brühe aufkochen, 15 Minuten quellen lassen und anschließend gründlich ausdrücken.
Die Trockenpilze legen wir zum Einweichen in lauwarmes Wasser; nach ca. 15 Minuten können wir sie ausdrücken und klein schneiden. Zwiebel fein hacken und eine Hälfte in einer Antihaftpfanne mit Tempeh und Petersilie kurz anbrutzeln. Wir fügen das Sojagranulat hinzu und braten es scharf an. Jetzt die passierten Tomaten und in 1/2 Tasse Wasser gelöstes Tomatenmark zugeben, kräftig mit Salz und Pfeffer würzen und zugedeckt ca. 30 Minuten köcheln lassen.
Inzwischen waschen wir den Reis gründlich und kochen die Gemüsebrühe auf.
Etwas Öl in einem Topf erhitzen und die Zwiebelhälfte glasig braten. Wir mischen den gewaschenen Reis gründlich unter und gießen die Brühe langsam zu, dabei rühren wir immer wieder um. Nach etwa 10 Minuten passieren wir nahezu die ganze Flüssigkeit der halbfertigen Sauce dazu. Wieder gründlich mischen und zugedeckt auf sehr kleiner Flamme ziehen lassen, immer wieder rühren. Nach ca. 15 Minuten ist der Reis gar. Auf einer großen Platte mischen wir rasch Parmigiano, Butter und Eier darunter und lassen ihn abkühlen.
Wer die Kroketten lieber backen als frittieren möchte, sollte jetzt den Ofen auf 180 °C vorheizen.
Die Sauce ist jetzt fertig und kann abgeschmeckt werden.
Wir hacken den Mozzarella und streuen reichlich Paniermehl auf einen flachen Teller.
Griffbereit stehen die leicht abgekühlte, etwas trockene Gemüsemischung, der abgekühlte Reis und eine Schale mit Wasser zum Anfeuchten der Hände.
Einen EL Reis in der Hand flachdrücken und in die Mitte etwas Gemüsefüllung und Mozzarella setzen, mit noch etwas Reismischung die Füllung bedecken. Tischtennisballgroße Bällchen formen, in Paniermehl wälzen. Zum Frittieren erhitzen wir langsam das Öl, genug, dass die Kroketten – etwa 5–6 Stück auf einmal – fast darin schwimmen können. Kroketten goldbraun backen, auf Küchenkrepp abtropfen lassen und warmhalten, bis alle fertig sind. Alternativ in eine mit etwas Öl bepinselte Backform legen und ca. 30 Minuten goldbraun backen, ich wende sie nach etwa 15 Minuten.
In der Zwischenzeit erhitze ich die Tomatensauce, richte die Kroketten auf Tellern an und gieße etwas Sauce darüber. Die übrige Sauce und Sojafüllung stellen wir separat auf den Tisch. So heiß wie möglich servieren. An die gedeckte Tafel!

*Vorbereitungszeit ca.
1 Stunde 30 Minuten
bis 2 Stunden plus ca.
30 Minuten Frittier- oder
Backzeit*

Supplì alla romana
(Gefüllte Reiskroketten römische Art)

Zutaten für 4–6 Personen (ca. 20 Bällchen):

*Tomatensauce
(s. Grundrezept S. 184)
1 Handvoll getrocknete Mischpilze (alternativ 2–3 frische Pilze guter Qualität)
1 mittelgroße Zwiebel
50 g Prosciutto crudo
2 EL gehackte Petersilie
100 g Rinder- oder Kalbshack
4–5 EL passierte Tomaten
1 EL Tomatenmark
Salz und Pfeffer aus der Mühle
300 g Risottoreis (z. B. Avorio, Arborio, Vialone)
500 ml Rinderbrühe oder Fond
etwas Öl zum Anbraten
50 g geriebener Parmigiano
1 EL Butter
2 Eier
1 Mozzarella
1 Tasse selbst geriebenes Paniermehl
reichlich Öl oder Butterschmalz zum Frittieren*

Zuerst bereiten wir die Tomatensauce zu. Dies kann auch einige Stunden vor der Zubereitung der Kroketten geschehen.

Für die Füllung legen wir die Trockenpilze zum Einweichen in lauwarmes Wasser; nach ca. 15 Minuten können wir sie ausdrücken und klein schneiden. Zwiebel fein hacken und eine Hälfte in einer Antihaftpfanne mit Schinken und Petersilie kurz anbrutzeln. Wir fügen das Hackfleisch hinzu und braten es scharf an. Jetzt die passierten Tomaten und in 1/2 Tasse Wasser gelöstes Tomatenmark zugeben, kräftig mit Salz und Pfeffer würzen und zugedeckt ca. 30 Minuten köcheln lassen.

Inzwischen waschen wir den Reis gründlich und kochen die Rinderbrühe auf. Etwas Öl in einem Topf erhitzen und die zweite Hälfte der Zwiebel glasig braten. Wir mischen den gewaschenen Reis gut unter und gießen langsam Brühe zu, dabei rühren wir immer wieder um. Nach etwa 10 Minuten passieren wir nahezu die ganze Flüssigkeit der halbfertigen Fleischfüllung dazu. Wieder gründlich mischen und zugedeckt auf sehr kleiner Flamme ziehen lassen, immer wieder rühren. Nach ca. 15 Minuten ist der Reis gar. Auf einer großen Platte mischen wir rasch Parmigiano, Butter und Eier darunter und lassen ihn abkühlen.

Wer die Kroketten lieber backen als frittieren möchte, sollte jetzt den Ofen auf 180 °C vorheizen.

Die Füllung ist nun fertig und kann abgeschmeckt werden.

Wir hacken den Mozzarella und streuen reichlich Paniermehl auf einen flachen Teller.

Griffbereit stehen die leicht abgekühlte, etwas trockene Fleischmischung, der abgekühlte Reis und eine Schale mit Wasser zum Anfeuchten der Hände.

1 EL Reis in der Hand flachdrücken und in die Mitte etwas Fleischfüllung und Mozzarella setzen, mit noch etwas Reismischung die Füllung bedecken. Tischtennisballgroße Bällchen formen, in Paniermehl wälzen. Zum Frittieren erhitzen wir langsam das Öl, genug, dass die Kroketten – etwa 5–6 Stück auf einmal – fast darin schwimmen können. Kroketten goldbraun backen, auf Küchenkrepp abtropfen lassen und warmhalten, bis alle fertig sind. Alternativ in eine mit etwas Öl bepinselte Backform legen und ca. 30 Minuten goldbraun backen, ich wende sie nach etwa 15 Minuten.

In der Zwischenzeit erhitze ich die Tomatensauce, richte die Kroketten auf Tellern an und gieße etwas Sauce darüber. Die übrige Sauce und Fleischfüllung stellen wir separat auf dem Tisch. So heiß wie möglich servieren. An die gedeckte Tafel!

*Vorbereitungszeit
ca. 1 Stunde 30 Minuten bis 2 Stunden
plus ca. 30 Minuten Frittier- oder Backzeit*

Rotolo di spinaci al tofu

(Spinatstrudel mit Schinkentofu)

Zutaten für 4 Personen (als Hauptgericht) in 2 Strudeln:

Eierteig *aus 300 g Mehl (s. Grundrezept S. 193)*

1 kg Spinat (frisch oder TK)
150 g Schinkentofu (s. Grundrezept S. 183)
250 g Ricotta
50 g Parmesan
Salz und Pfeffer aus der Mühle
Muskatnuss
ca. 50 g Parmesan

Variante 1
Für die Tomatensauce
2 Knoblauchzehen
Olivenöl zum Anbraten
1 Dose gehackte Pomodori pelati
Salz und Pfeffer

Variante 2
Für die Salbeibutter
zerlassene Butter
2 Salbeiblätter

Wir bereiten den Teig vor und legen ihn in Klarsichtfolie in den Kühlschrank. Spinat in einem großen Topf ohne Wasserzufuhr zusammenfallen lassen (TK-Spinat einen Tag vorher zum Auftauen herausnehmen), gut ausdrücken und grob hacken. Den Tofu hacke ich ebenfalls. In einem großen Topf reichlich Salzwasser erhitzen.
Wir vermischen Spinat, Tofu, Ricotta, Parmesan, Salz, Pfeffer und reichlich Muskatnuss gründlich.
Den Teig zu zwei dünnen rechteckigen Platten ausrollen und auf jede Platte eine Hälfte der Spinatmischung löffeln, dabei 1 cm Rand lassen. Wir rollen die Platten in Strudelform und wickeln sie in separate Tücher (z. B. Geschirrhandtücher), binden die Enden zu und legen sie für 30 Minuten in das kochende Wasser.
Inzwischen heizen wir den Ofen auf 180 °C vor und bereiten entweder die Tomatensauce oder die Salbeibutter vor.
Dann nehmen wir die Teigrollen aus dem Wasser und schneiden sie in dicke Scheiben. In eine, ggf. zwei, leicht gebutterte Auflaufform(en) legen und Tomatensauce oder Salbeibutter darüber gießen. Mit Parmesan bestreut für ca. 10 Minuten in den Ofen schieben. Dazu reiche ich einen Feldsalat mit mariniertem, angebratenem Tempeh (s. Grundrezept S. 183).

Tomatensauce / Salbeibutter
Knoblauchzehen kurz in Olivenöl anbraten und herausnehmen, Pomodori pelati dazugeben. Mit Salz und Pfeffer würzen und ca. 15 Minuten köcheln. Salbeiblätter in zerlassener Butter leicht anbraten, Blätter herausnehmen.

Vorbereitungszeit
ca. 1 Stunde 30 Minuten
plus mindestens
12 Stunden Marinierzeit

Rotolo di spinaci al prosciutto cotto
(Spinatstrudel mit Kochschinken)

Zutaten für 4 Personen
(als Hauptgericht) in
2 Strudeln:

Eierteig aus 300 g Mehl
(s. Grundrezept S. 193)

1 kg Spinat (frisch oder TK)
150 g Prosciutto cotto
250 g Ricotta
50 g Parmesan
Salz und Pfeffer aus der Mühle
Muskatnuss

Variante 1
Für die Tomatensauce
2 Knoblauchzehen
Olivenöl zum Anbraten
1 Dose gehackte Pomodori pelati
Salz und Pfeffer
ca. 50 g Parmesan

Variante 2
Für die Salbeibutter
80 g Butter
2–3 Salbeiblätter

Dieses Rezept gehörte zu den „Sonntagsjokern" meiner Mutter, wenn Kinder zum Essen kamen. Unsere kleine Freundin Carlotta, zweieinhalb Jahre alt, setzt heute bei uns diese Tradition fort, sie verschlingt dieses Essen regelrecht! Ich habe die Spinatrolle einmal für unsere lieben Freunde und Gastgeber Susan und Mark in deren New Yorker Küche zubereitet. Ein sehr gelungener Abend!

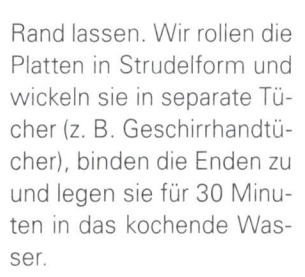

Wir bereiten den Teig vor und legen ihn in Klarsichtfolie in den Kühlschrank.
Spinat in einem großen Topf ohne Wasserzufuhr zusammenfallen lassen (TK-Spinat einen Tag vorher zum Auftauen herausnehmen), gut ausdrücken und grob hacken
Den Prosciutto hacke ich ebenfalls. In einem großen Topf reichlich Salzwasser erhitzen.
Wir vermischen Spinat, Prosciutto, Ricotta, Parmesan, Salz, Pfeffer und reichlich Muskatnuss gründlich. Den Teig zu zwei dünnen rechteckigen Platten ausrollen und auf jede Platte eine Hälfte der Spinatmischung löffeln, dabei 1 cm Rand lassen. Wir rollen die Platten in Strudelform und wickeln sie in separate Tücher (z. B. Geschirrhandtücher), binden die Enden zu und legen sie für 30 Minuten in das kochende Wasser.
Inzwischen heizen wir den Ofen auf 180 °C vor und bereiten entweder die Tomatensauce oder die Salbeibutter vor.
Dann nehmen wir die Teigrollen aus dem Wasser und schneiden sie in dicke Scheiben. In eine, ggf. zwei, leicht gebutterte Auflaufform(en) legen und Tomatensauce oder Salbeibutter darüber gießen. Mit Parmesan bestreut für ca. 10 Minuten in den Ofen schieben. Dazu reiche ich einen Feldsalat mit angebratenem Speck.

Tomatensauce/Salbeibutter
Knoblauchzehen kurz in Olivenöl anbraten und herausnehmen, Pomodori pelati dazugeben. Mit Salz und Pfeffer würzen und ca. 15 Minuten köcheln. Alternativ Salbeiblätter in zerlassener Butter kross anbraten, Blätter herausnehmen.

*Vorbereitungszeit
ca. 1 Stunde 30 Minuten*

Pasta und Reis | 63

Penne al mascarpone
(Penne mit Mascarpone und Tofu)

Zutaten für 4 Personen:

300 g gerillte Penne
150 g marinierter Tofu
(s. Grundrezept
Schinkentofu S. 183)
1 EL Butter
Salz und Pfeffer aus der
Mühle
etwas Muskatnuss
100 g Mascarpone
2 EL geriebener Parmesan

In einem großen Topf reichlich Salzwasser zum Kochen bringen und die Penne zubereiten.
In der Zwischenzeit Tofu grob zerbröseln und Butter in einer Pfanne zerlassen. Tofu darin kurz anbraten und mit Salz, Pfeffer und Muskatnuss würzen. Mascarpone dazugeben und das Ganze cremig rühren.

Die al dente gekochten Penne abgießen und in einer vorgewärmten Schüssel vorsichtig mit der Mascarponemischung vermengen.
Mit Parmesan bestreuen, gründlich mischen und ggf. mit etwas frischem Pfeffer nachwürzen.

Vorbereitungszeit
ca. 20 Minuten

Ein beliebtes Kindergericht aus der Emilia Romagna

Penne al mascarpone
(Penne mit Mascarpone und Schinken)

Zutaten für 4 Personen:

300 g gerillte Penne
100 g Prosciutto cotto
1 EL Butter
Salz und Pfeffer aus der Mühle
etwas Muskatnuss
100 g Mascarpone
2 EL geriebener Parmesan

In einem großen Topf reichlich Salzwasser zum Kochen bringen und die Penne zubereiten.

In der Zwischenzeit den Prosciutto grob hacken und Butter in einer Pfanne zerlassen. Prosciutto darin kurz anbraten und mit Salz, Pfeffer und Muskatnuss würzen.

Mascarpone dazugeben und das Ganze cremig rühren.

Die al dente gekochten Penne abgießen und in einer vorgewärmten Schüssel vorsichtig mit der Mascarponemischung vermengen.

Mit Parmesan bestreuen, gründlich mischen und ggf. mit etwas frischem Pfeffer nachwürzen.

Vorbereitungszeit
ca. 20 Minuten

Fusilli alla napoletana

(Fusilli neapolitanischer Art mit Tempeh)

Zutaten für 4 Personen:

2 Knoblauchzehen
1 Portion Soffritto
(s. Grundrezept S. 194)
Olivenöl zum Anbraten
1/2 Glas trockener
Weißwein
1 Dose Pomodori pelati
Salz und Pfeffer aus der
Mühle
1 Prise Oregano

5 Scheiben marinierter,
vorgebratener Tempeh
(s. Grundrezept S. 183)
in dünnen Streifen
300 g Fusilli
4 EL geriebener Pecorino
romano
1 Mozzarella, gewürfelt

Ich hacke den Knoblauch fein und gebe ihn mit dem Soffritto in einen schweren Topf mit etwas erhitztem Olivenöl. Wird das Ganze glasig, gieße ich den Wein dazu und lasse ihn auf großer Flamme verdampfen.

Zwischenzeitlich zerkleinere ich die Pomodori pelati mit den Fingern und befreie sie von Stielansätzen. Wir geben sie samt der Flüssigkeit in den Topf, würzen mit Salz, Pfeffer und Oregano und lassen die Sauce zugedeckt für ca. 15 Minuten leise köcheln.

In einem zweiten Topf die Fusilli in reichlich Salzwasser fast al dente kochen. Abgießen und dabei etwas Kochwasser aufbewahren. Fusilli und etwas Kochwasser zur Sauce geben, abschmecken und alles noch gute 5 Minuten garen, bis die Pasta al dente und die Sauce dickflüssiger ist.

Jetzt geben wir den marinierten, vorgebratenen Tempeh dazu. Fusilli in einer vorgewärmten Servierschüssel mit Pecorino bestreuen und Mozzarellawürfel unterheben. Wir können etwas Olivenöl dazugeben, sollte die Sauce zu trocken sein.

*Vorbereitungszeit
ca. 40 Minuten*

Fusilli alla napoletana
(Fusilli neapolitanischer Art mit Pancetta)

Zutaten für 4 Personen:

*2 Knoblauchzehen
1 Portion Soffritto
(s. Grundrezept S. 194)
3 Scheiben Pancetta
oder Bauchspeck in
dünnen Streifen
Olivenöl zum Anbraten
1/2 Glas trockener
Weißwein
1 Dose Pomodori pelati
Salz und Pfeffer aus der
Mühle
1 Prise Oregano
300 g Fusilli
4 EL geriebener
Pecorino romano
1 Mozzarella, gewürfelt*

Ich hacke den Knoblauch fein und gebe ihn mit dem Soffritto und den Speckstreifen in einen schweren Topf mit etwas erhitztem Olivenöl. Wird das Ganze glasig, gieße ich den Wein dazu und lasse ihn auf großer Flamme verdampfen. Zwischenzeitlich zerkleinere ich die Pomodori pelati mit den Fingern und befreie sie von Stielansätzen. Wir geben sie samt der Flüssigkeit in den Topf, würzen mit Salz, Pfeffer und Oregano und lassen die Sauce zugedeckt für ca. 15 Minuten leise köcheln.

In einem zweiten Topf die Fusilli in reichlich Salzwasser fast al dente kochen. Abgießen und dabei etwas Kochwasser aufbewahren. Fusilli und etwas Kochwasser zur Sauce geben, abschmecken und alles noch gute 5 Minuten garen, bis die Pasta al dente und die Sauce dickflüssiger ist.

Fusilli in einer vorgewärmten Servierschüssel mit Pecorino bestreuen und Mozzarellawürfel unterheben. Wir können etwas Olivenöl dazugeben, sollte die Sauce zu trocken sein.

*Vorbereitungszeit
ca. 40 Minuten*

Risotto con funghi prataioli e tofu affumicato

(Risotto mit Champignons und Räuchertofu)

Zutaten für 4 Personen:

500 g große braune Champignons
ein guter Schuss Olivenöl zum Anbraten
4 gehackte Knoblauchzehen
1 Handvoll Petersilie, gehackt
250 g Risottoreis (z. B. Vialone, Arborio)
1/2 Glas trockener Rotwein
1 l kochendheiße Brühe
150 g Räuchertofu, in Miniwürfel geschnitten
50 g Butter
ca. 50 g geriebener Parmesan
schwarzer Pfeffer aus der Mühle

Wir putzen die Pilze mit einem trockenen Tuch ab. Stiele abschneiden und Pilzköpfe in hauchdünne Scheiben schneiden.
Olivenöl in einem großen Topf erhitzen und Knoblauch und Petersilie kurz anbraten. Jetzt geben wir auch die Pilze in den Topf und lassen alles auf hoher Flamme braten.
Zwischenzeitlich waschen wir den Reis unter fließendem Wasser, schütten ihn ab und geben ihn in den Topf mit den Pilzen. Den Wein zufügen und auf hoher Flamme verdampfen lassen, während wir ständig rühren.
Die Brühe kellenweise unter ständigem Rühren zum Reis geben, jeweils bis der Reis die Flüssigkeit komplett aufgesogen hat. Erst dann gießen wir nach.
Zwischendurch braten wir den Räuchertofu separat in 20 g Butter kross an.
Ist die Brühe aufgebraucht, geben wir den Tofu und die restliche Butter zum fertigen Risotto, mischen die Hälfte des Parmesans darunter und schmecken eventuell mit Pfeffer ab. Risotto auf einer vorgewärmten Servierplatte mit dem Rest Parmesan sofort servieren.

Vorbereitungszeit ca. 45 Minuten

Risotto con funghi prataioli e prosciutto affumicato
(Risotto mit Champignons und Räucherschinken)

Zutaten für 4 Personen:

*500 g große braune Champignons
ein guter Schuss Olivenöl zum Anbraten
4 gehackte Knoblauchzehen
1 Handvoll Petersilie, gehackt
1 dickere Scheibe (etwa 150 g) Räucherschinken, in Miniwürfel geschnitten*

*250 g Risottoreis (z. B. Vialone, Arborio)
1 l kochendheiße Brühe
1/2 Glas trockener Rotwein
30 g Butter
ca. 50 g geriebener Parmesan
schwarzer Pfeffer aus der Mühle*

Wir putzen die Pilze mit einem trockenen Tuch ab. Stiele abschneiden und Pilzköpfe in hauchdünne Scheiben schneiden.
Olivenöl in einem großen Topf erhitzen und Knoblauch und Petersilie kurz anbraten. Schinkenwürfelchen hinzugeben und kurz braten. Jetzt geben wir auch die Pilze in den Topf und lassen alles auf hoher Flamme braten. Zwischenzeitlich waschen wir den Reis unter fließendem Wasser, schütten ihn ab und geben ihn in den Topf mit den Pilzen. Den Wein zufügen und auf hoher Flamme verdampfen lassen, während wir ständig rühren.
Die Brühe kellenweise unter ständigem Rühren zum Reis geben, jeweils bis der Reis die Flüssigkeit komplett aufgesogen hat. Erst dann gießen wir nach.
Ist die Brühe aufgebraucht, geben wir die Butter zum fertigen Risotto, mischen die Hälfte des Parmesans darunter und schmecken eventuell mit Pfeffer ab. Risotto auf einer vorgewärmten Servierplatte mit dem Rest Parmesan sofort servieren.

*Vorbereitungszeit
ca. 45 Minuten*

Risotto alla piemontese con tempeh e seitan

(Risotto piemonteser Art mit Tempeh und Seitan)

Zutaten für 4 Personen:

250 g frische Steinpilze (alternativ 1 Handvoll getrocknete Steinpilze)
1 kleine Zwiebel
30 g Butter
250 g Risottoreis (z. B. Vialone, Arborio)
1/2 Glas trockener Weißwein
1 l leichte, heiße Brühe (alternativ Salzwasser)
ca. 150 g marinierter, vorgebratener Tempeh (s. Grundrezept S. 183), zerbröselt
ca. 150 g marinierter, grob gehackter Seitan
2 Salbeiblätter
2 Lorbeerblätter
ca. 50 g geriebener Parmesan
1 Handvoll Petersilie, gehackt
schwarzer Pfeffer aus der Mühle
1 frischer weißer Trüffel (alternativ 1 schwarzer Trüffel)

Wir putzen und schneiden die Pilze in dünne Scheiben bzw. weichen sie in lauwarmem Wasser für ca. 20 Minuten ein und tupfen die sauberen Pilze trocken.

Zwiebel fein hacken und in einem großen Topf in der Hälfte der Butter glasig anbraten.

Zwischenzeitlich waschen wir den Reis in einem Sieb unter fließendem Wasser und geben ihn zur Zwiebel. Den Wein zugießen und auf großer Flamme unter ständigem Rühren verdampfen lassen.

Wir geben die Pilze dazu und schöpfen langsam kellenweise Brühe oder Wasser (immer wieder vorsichtig mit Salz abschmecken) zum Reis. Ununterbrochen rühren und immer erst warten, bis der Reis die Flüssigkeit komplett aufgesogen hat.

In einer separaten Pfanne braten wir Tempeh und Seitan in etwas Butter und mit Salbei und Lorbeer an, bis sie leicht kross sind. Warm halten.

Ist die Brühe aufgebraucht, geben wir die übrige Butter und die Tempeh-Seitan-Mischung zum Risotto und mischen die Hälfte des Parmesans und die Petersilie unter. Risotto mit Pfeffer abschmecken, auf vorgewärmten Tellern anrichten und die edlen Trüffeln darüber hobeln. Den übrigen Parmesan bringe ich mit zum Tisch.

Vorbereitungszeit ca. 45 Minuten

Risotto alla piemontese con salsiccia
(Risotto piemonteser Art mit Bratwurst)

Wir putzen und schneiden die Pilze in dünne Scheiben bzw. weichen sie in lauwarmem Wasser für ca. 20 Minuten ein und tupfen die sauberen Pilze trocken.

Zwiebel fein hacken und in einem großen Topf in der Hälfte der Butter glasig anbraten.

Zwischenzeitlich waschen wir den Reis in einem Sieb unter fließendem Wasser und geben ihn zur Zwiebel. Den Wein zugießen und auf großer Flamme unter ständigem Rühren verdampfen lassen.

Wir geben die Pilze dazu und schöpfen langsam kellenweise Brühe oder Wasser (immer wieder vorsichtig mit Salz abschmecken) zum Reis. Ununterbrochen rühren und immer erst warten, bis der Reis die Flüssigkeit komplett aufgesogen hat.

In eine separate Pfanne zerbröseln wir die Salsiccia und braten sie mit Salbei und Lorbeer gar. Das Fett abgießen und warmhalten.

Ist die Brühe aufgebraucht, geben wir die übrige Butter und die Salsiccia zum Risotto und mischen die Hälfte des Parmesans und die Petersilie unter. Risotto mit Pfeffer abschmecken, auf vorgewärmten Tellern anrichten und die edlen Trüffeln darüber hobeln. Den übrigen Parmesan bringe ich mit zum Tisch.

Zutaten für 4 Personen:

250 g frische Steinpilze (alternativ 1 Handvoll getrocknete Steinpilze)
1 kleine Zwiebel
30 g Butter
250 g Risottoreis (z. B. Vialone, Arborio)
1/2 Glas trockener Weißwein
1 l leichte, heiße Brühe (alternativ Salzwasser)
250 g süßliche Salsiccia, gepellt
2 Salbeiblätter
2 Lorbeerblätter
ca. 50 g geriebener Parmesan
1 Handvoll Petersilie, gehackt
schwarzer Pfeffer aus der Mühle
1 frischer weißer Trüffel (alternativ 1 schwarzer Trüffel)

Vorbereitungszeit ca. 45 Minuten

Dieses Gericht ist eine edle Alternative zum Risotto mit Salsiccia aus der Emilia Romagna. Piemont ist mit Steinpilzen und hervorragenden Trüffeln gesegnet und bietet oft klassische norditalienische Rezepte in einer „Rolls Royce-Version". Perché no?

Pasta und Reis

Risotto al radicchio rosso e tofu affumicato

(Risotto mit Radicchio und Räuchertofu)

Zutaten für 4 Personen:

*4 Radicchio-Köpfe
Salz und weißer Pfeffer aus der Mühle
etwas Olivenöl
100 g Räuchertofu
2 Schalotten
300 g Risottoreis
(z. B. Vialone, Arborio, Carnaroli)
750 ml Fleischbrühe
80 g Butter
1 Glas Rotwein
1/2 Apfel
geriebener Parmesan*

Den Ofen auf 200 °C vorheizen.
Die Radicchio-Köpfe der Länge nach halbieren, die Wurzelansätze schälen und die Köpfe unter fließendem Wasser waschen, gründlich ausschütteln. Mit Salz, Pfeffer und einem dünnen Strahl Olivenöl anmachen, ca. 10 Minuten ziehen lassen. Für ca. 7–8 Minuten in den Ofen schieben, bis sie gegrillt, doch nicht verbrannt aussehen.
Wir können den gewürfelten Tofu mit etwas Öl und Pfeffer angemacht mit in den Ofen schieben. Er soll schön kross werden.
Schalotten fein hacken, Reis gründlich waschen und in einem Sieb gut abtropfen lassen.
Den gegrillten Radicchio ganz kurz etwas abkühlen lassen und der Breite nach in schmale Streifen schneiden.
Wir erhitzen die Brühe und, separat in einer Kasserolle, die Hälfte der Butter. Darin braten wir die Schalotten glasig an. Radicchio, Tofu und Reis gründlich untermischen. Ich empfehle, dazu einen Holzlöffel zu verwenden. Die Flamme größer stellen und mit Wein ablöschen. Wenn dieser komplett verdampft ist, fangen wir an, den Risotto zu „ziehen", „tirare il risotto": Wir geben nach und nach kellenweise heiße Brühe in die Kasserolle und rühren immer weiter, bis die Brühe komplett absorbiert ist. Das dauert ca. 20 Minuten – der Reis quillt und wird immer cremiger.
Nach ca. 20 Minuten geben wir Apfelstückchen dazu und rühren weitere 10 Minuten.
Ist der Reis gar, nehmen wir ihn vom Feuer und rühren die übrige Butter und ein paar EL Parmesan unter. Auf vorgewärmten Tellern anrichten, mit etwas Parmesan bestreuen und sehr heiß servieren.

Vorbereitungszeit ca. 1 Stunde

Nur Radicchio trevisano eignet sich zum Grillen und Braten. Er ist länglich wie ein Chicorée, aber seine Spitzen sehen aus wie tanzende Flammen oder Oktopusarme. Seine Bitterstoffe werden durch kurzes Grillen vor dem Braten freigesetzt und das Aroma wird so intensiviert.

72 | Pasta und Reis

Risotto al radicchio rosso e pancetta affumicata

(Risotto mit Radicchio und Räucherspeck)

Den Ofen auf 200 °C vorheizen.

Die Radicchio-Köpfe der Länge nach halbieren, die Wurzelansätze schälen und die Köpfe unter fließendem Wasser waschen, gründlich ausschütteln. Mit Salz, Pfeffer und einem dünnen Strahl Olivenöl anmachen, ca. 10 Minuten ziehen lassen. Für ca. 7–8 Minuten in den Ofen schieben, bis sie gegrillt, doch nicht verbrannt aussehen.

Schalotten fein hacken, Räucherspeck klein würfeln, Reis gründlich waschen und in einem Sieb gut abtropfen lassen.

Den gegrillten Radicchio ganz kurz etwas abkühlen lassen und der Breite nach in schmale Streifen schneiden.

Wir erhitzen die Brühe und, separat in einer Kasserolle, die Hälfte der Butter. Darin braten wir Schalotten und Speck glasig an. Radicchio und Reis gründlich untermischen. Ich empfehle, dazu einen Holzlöffel zu verwenden. Die Flamme größer stellen und mit Wein ablöschen. Wenn dieser komplett verdampft ist, fangen wir an, den Risotto zu „ziehen", „tirare il risotto": Wir geben nach und nach kellenweise heiße Brühe in die Kasserolle und rühren immer weiter, bis die Brühe komplett absorbiert ist. Das dauert ca. 20 Minuten – der Reis quillt und wird immer cremiger.

Nach ca. 20 Minuten geben wir Apfelstückchen dazu und rühren weitere 10 Minuten.

Ist der Reis gar, nehmen wir ihn vom Feuer und rühren die übrige Butter und ein paar EL Parmesan unter. Auf vorgewärmten Tellern anrichten, mit etwas Parmesan bestreuen und sehr heiß servieren.

Vorbereitungszeit ca. 1 Stunde

Zutaten für 4 Personen:

4 Radicchio-Köpfe
Salz und weißer Pfeffer aus der Mühle
etwas Olivenöl
2 Schalotten
100 g Räucherspeck
300 g Risottoreis (z. B. Vialone, Arborio, Carnaroli)
750 ml Fleischbrühe
80 g Butter
1 Glas Rotwein
1/2 Apfel
geriebener Parmesan

Risotto con i carciofi e tempeh

(Risotto mit Artischocken und Tempeh)

Zutaten für 4 Personen:

4–6 Artischocken
1/2 Zitrone
1 Sträußchen Petersilie
50 g Butter
1 l heiße Fleischbrühe
350 g Risottoreis
(z. B. Vialone, Arborio, Carnaroli)

4–5 Scheiben marinierter, vorgebratener Tempeh (s. Grundrezept S. 183)
Salz und weißer Pfeffer aus der Mühle
5 EL geriebener Parmesan

Wir entfernen die äußeren Blätter der Artischocken und die Stiele, schneiden die Spitzen ziemlich weit unten ab und halbieren sie der Länge nach; ggf. entfernen wir auch den Bart im Inneren.

Der Länge nach in sehr dünne Streifen schneiden und sofort in eine Schüssel mit kaltem Zitronenwasser legen, damit sie nicht dunkel werden. Die Stiele gründlich schälen und die weichen Teile in Scheiben schneiden. Ich finde sie intensiver und aromatischer im Geschmack als die Blätter selbst – also ab damit ins Zitronenwasser.

Wir hacken die Petersilie sehr fein. Die Hälfte der Butter in einer großen Kasserolle erhitzen und darin die Hälfte der Petersilie leicht anbraten.

Wir fügen die gut abgetrockneten Artischocken zum Petersilien-Soffritto hinzu. Sorgfältig mit einem Holzlöffel umrühren und einige Löffel heiße Brühe dazugeben. Auf kleiner Flamme zugedeckt ca. 15 Minuten ziehen lassen.

Nun den gründlich gewaschenen und gut abgetropften Reis in die Kasserolle füllen, ggf. 1–2 Löffel Brühe zugeben; den Reis einige Minuten den Geschmack des Gemüses aufnehmen lassen.

Wir geben nach und nach unter ständigem Rühren kellenweise heiße Brühe zum Reis, bis die ganze Flüssigkeit absorbiert ist. Mit Salz und Pfeffer abschmecken und die übrige Butter, den krossen, noch heißen Tempeh und den Parmesan dazugeben.

Umrühren und zugedeckt eine Minute ruhen lassen, dann stürzen wir den Reis auf eine vorgewärmte Servierplatte. Rasch die Hälfte der Petersilie darüber streuen und sofort servieren. Wer's mag, kann auch noch Parmesan darüber streuen.

Vorbereitungszeit ca. 1 Stunde

Risotto con i carciofi e prosciutto crudo
(Risotto mit Artischocken und rohem Schinken)

Zutaten für 4 Personen:

4–6 Artischocken
1/2 Zitrone
1 Sträußchen Petersilie
50 g Prosciutto crudo italiano
50 g Butter
1 l heiße Fleischbrühe
350 g Risottoreis
(z. B. Vialone, Arborio, Carnaroli)
Salz und weißer Pfeffer aus der Mühle
5 EL geriebener Parmesan

Dieses Rezept verlangt nach jungen, schlanken, zarten Artischocken – von hochgelobter Qualität sind die römischen. Wir nehmen auf keinen Fall große, runde Artischocken – wir nennen sie „Mammole" – die sind gut zum Füllen oder Abzupfen. Artischocken sind durch ihren bitter-süßlichen Geschmack nicht nur unheimlich lecker, sondern auch sehr gesund für Magen und Leber. Außerdem entscheiden wir uns für Prosciutto crudo italiano, denn der ist viel milder im Geschmack als der deutsche.

Wir entfernen die äußeren Blätter der Artischocken und die Stiele, schneiden die Spitzen ziemlich weit unten ab und halbieren sie der Länge nach; ggf. entfernen wir auch den Bart im Inneren.

Der Länge nach in sehr dünne Streifen schneiden und sofort in eine Schüssel mit kaltem Zitronenwasser legen, damit sie nicht dunkel werden. Die Stiele gründlich schälen und die weichen Teile in Scheiben schneiden. Ich finde sie intensiver und aromatischer im Geschmack als die Blätter selbst – also ab damit ins Zitronenwasser.

Wir hacken die Petersilie und, separat, den Schinken, sehr fein.

Die Hälfte der Butter in einer großen Kasserolle zerlassen und darin die Hälfte der Petersilie und den Schinken leicht anbraten.

Wir fügen die gut abgetrockneten Artischocken zum Petersilien-Soffritto hinzu. Sorgfältig mit einem Holzlöffel umrühren und einige Löffel heiße Brühe dazugeben. Auf kleiner Flamme zugedeckt ca. 15 Minuten ziehen lassen.

Nun den gründlich gewaschenen und gut abgetropften Reis in die Kasserolle füllen, ggf. 1–2 Löffel Brühe zugeben; den Reis einige Minuten den Geschmack des Gemüses aufnehmen lassen.

Wir geben nach und nach unter ständigem Rühren kellenweise heiße Brühe zum Reis, bis die ganze Flüssigkeit absorbiert ist. Mit Salz und Pfeffer abschmecken und die übrige Butter und den Parmesan dazugeben.

Umrühren und zugedeckt eine Minute ruhen lassen, dann stürzen wir den Reis auf eine vorgewärmte Servierplatte. Rasch die Hälfte der Petersilie darüber streuen und sofort servieren. Wer´s mag, kann auch noch Parmesan darüber streuen.

Vorbereitungszeit ca. 1 Stunde

Lasagne alla modenese

(Lasagne Modena Art mit Sojaragù)

Zutaten für eine große Lasagneform (für ca. 8 Personen oder mehr):

2,5fache Menge Sojaragù (s. Grundrezept S. 200)
Eierteig (s. Grundrezept S. 193)
150 g gekochter, ausgedrückter und pürierter Spinat
1 l Béchamelsauce (s. Grundrezept S. 190)
etwas Öl
1 EL Butter
4 Handvoll geriebener Parmesan

Ich bereite das Sojaragù gerne am Vortag zu.
Zum Eierteig nach Grundrezept den pürierten Spinat hinzugeben. Wichtig: Vor dem Pürieren richtig trocken drücken, sonst gibt es Sauce statt Teig. Béchamelsauce nach Grundrezept zubereiten.
Ich rolle den Teig nun zu nicht zu dünnen Platten aus, die gut in die Form passen.
In einem großen Topf Salzwasser mit etwas Öl zum Kochen bringen und die Teigplatten vorsichtig und portionsweise in ca. 2–3 Minuten al dente kochen. Abtropfen lassen und auf eine feuchte Oberfläche zum Abkühlen legen.
Dann heize ich den Ofen auf mittlere Temperatur vor.
In eine rechteckige, gebutterte Auflaufform schichte ich die Teigplatten, möglichst ohne, dass sie sich überlappen. Schichten von Ragù, Béchamelsauce, Parmesan und Teigplatten abwechselnd einfüllen.

Die letzten Pastaplatten werden nur mit einer dünnen Schicht Béchamelsauce und etwas Parmesan bedeckt. Für ca. 30 Minuten ab in den heißen Ofen, bis die Kruste schön goldbraun wird.

Vorbereitungszeit ca. 4 Stunden

Tipp: Wir wollen nicht zu viel Sauce zwischen den Teigplatten, aber auch nicht nur Pasta im Mund haben. Außerdem müssen wir aufpassen, die Zutaten für die Füllung nicht zu schnell aufzubrauchen. Also, Fingerspitzengefühl bei der Verteilung!

Lasagne alla modenese
(Lasagne Modena Art mit Fleischragù)

Der Klassiker aus der Emilia Romagna. In Modena und Umgebung knetet man den Eierteig mit etwas Spinat und das Ergebnis heißt dann „la pasta verde".

Ein Trick, um das Ragù besser auf der Lasagne verteilen zu können: Mit ein paar Löffeln Nudelwasser verdünnen! Ich rate, das Ragù am Vortag zu kochen, das spart Zeit und Nerven. Die Lasagne ist dann nach 2 Stunden servierfertig.

Zutaten für eine große Lasagneform (für ca. 8 Personen oder mehr):

2,5fache Menge Fleischragú
(s. Grundrezept S. 201)
Eierteig
(s. Grundrezept S. 193)
150 g gekochter, ausgedrückter und pürierter Spinat
1 l Béchamelsauce
(s. Grundrezept S. 190)
etwas Öl
1 EL Butter
4 Handvoll geriebener Parmesan

Ich bereite das Fleischragú gerne am Vortag zu.

Zum Eierteig nach Grundrezept den pürierten Spinat hinzugeben. Wichtig: Vor dem Pürieren richtig trocken drücken, sonst gibt es Sauce statt Teig. Béchamelsauce nach Grundrezept zubereiten.

Ich rolle den Teig nun zu nicht zu dünnen Platten aus, die gut in die Form passen.

In einem großen Topf Salzwasser mit etwas Öl zum Kochen bringen und die Teigplatten vorsichtig und portionsweise in ca. 2–3 Minuten al dente kochen. Abtropfen lassen und auf eine feuchte Oberfläche zum Abkühlen legen.

Dann heize ich den Ofen auf mittlere Temperatur vor.

In eine rechteckige, gebutterte Auflaufform schichte ich die Teigplatten, möglichst ohne, dass sie sich überlappen. Schichten von Ragú, Béchamelsauce, Parmesan und Teigplatten abwechselnd einfüllen. Die letzten Pastaplatten werden nur mit einer dünnen Schicht Béchamelsauce und etwas Parmesan bedeckt. Für ca. 30 Minuten ab in den heißen Ofen, bis die Kruste schön goldbraun wird.

Vorbereitungszeit ca. 4 Stunden 30 Minuten

Ravioli alla milanese, seitan e tempeh

(Ravioli mailänder Art mit Seitan und Tempeh)

Zutaten für 4 Personen:

Für den Teig
(s. Grundrezept Eierteig S. 193)
300 g Mehl
3–4 Eier
eine Prise Salz

Für die Füllung
80 g Butter (alternativ gute Biomargarine)
1 Rosmarinzweig
1 Thymianzweig
ca. 300 g marinierter Seitan am Stück
1/2 Glas trockener Rotwein
Salz und Pfeffer aus der Mühle
6 Scheiben von ca. 1/2 cm dickem, mariniertem, vorgebratenem Tempeh *(s. Grundrezept S. 183)*
1 Ei
3 EL frisch geriebener Parmesan plus 1 Extra-Schälchen zum Servieren – unbedingt! – 1 Prise guter Zimt
1 Msp. Puderzucker

Wir bereiten den Eierteig nach Grundrezept vor und legen ihn in Klarsichtfolie gewickelt in den Kühlschrank.

Wir lassen die Hälfte der Butter in einem Bräter heiß werden und legen die Kräuterzweige hinein. Kurz aufschäumen lassen und den ausgedrückten Seitan darin auf großer Flamme rundherum anbraten.

Nun gießen wir den Wein dazu und würzen, wenn er verdampft ist, mit Salz und Pfeffer.

Einige Löffel Wasser zufügen und zugedeckt ca. 15 Minuten garen.

Hat der Seitan die Gewürzaromen vollkommen aufgenommen, hacken wir ihn mit dem Tempeh sehr fein. Ei, Parmesan, Zimt und Puderzucker sowie etwas vom Bratenfond unterrühren, nachwürzen und beiseite stellen.

Nun rollen wir aus dem Teig 2 oder mehrere Platten ungefähr gleicher Größe, und zwar so dünn wie möglich, weil sie durch das Kochen aufquellen und automatisch dicker werden. Auf eine Teigplatte die Füllung in kleinen Häufchen (nicht größer als ein Haselnusskern) verteilen und dabei jeweils einen Abstand von nicht mehr als 1 cm lassen.

Eine zweite Teigplatte darauflegen und mit den Fingern den Teig zwischen den Häufchen andrücken. Nun schneiden wir mit dem Teigrädchen einzelne Ravioli aus. Das Rädchen schneidet und schließt zugleich die Ravioli aufgrund seiner Zick-Zack-Form. Wir lassen die Ravioli kurz ruhen und garen sie dann in kochendem Salzwasser. Der Teig an den Doppelseiten darf innen keinen weißen Kern mehr aufweisen.

Den restlichen Seitansud erhitzen und die übrige Butter dazugeben, eventuell noch 1 EL Wasser.

Sind die Ravioli al dente, kommen sie zum heißen Seitansud. Wir mischen vorsichtig und servieren direkt auf vorgewärmten Tellern, dazu reichen wir ein Schälchen Extra-Parmesan.

Vorbereitungszeit ca. 2 Stunden

Ravioli alla milanese
(Ravioli mailänder Art mit Rind und Schinken)

Zutaten für 4 Personen:

Für den Teig
(s. Grundrezept
Eierteig S. 193)
300 g Mehl
3–4 Eier
eine Prise Salz

Für die Füllung
80 g Butter (alternativ
gute Biomargarine)
1 Rosmarinzweig
1 Thymianzweig
250 g Rindfleisch
am Stück
1/2 Glas trockener
Rotwein
Salz und Pfeffer aus
der Mühle
1 ca. 1/2 cm dicke
Scheibe von nicht zu magerem Prosciutto crudo
1 Ei
3 EL frisch geriebener
Parmesan plus 1 Extra-Schälchen zum Servieren
– unbedingt! – 1 Prise
guter Zimt
1 Msp. Puderzucker

Wir lassen die Hälfte der Butter in einem Bräter heiß werden und legen die Kräuterzweige hinein. Kurz aufschäumen lassen und das Fleisch darin auf großer Flamme rundherum anbraten.
Nun gießen wir den Wein dazu und würzen, wenn er verdampft ist, mit Salz und Pfeffer.
Einige Löffel Wasser zufügen und zugedeckt ca. 1 Stunde garen, je nach Fleischsorte.
In der Zwischenzeit bereiten wir den Eierteig nach Grundrezept vor und legen ihn in Klarsichtfolie gewickelt in den Kühlschrank. Sobald das Fleisch gar ist, hacken wir es mit dem Schinken sehr fein. Ei, Parmesan, Zimt und Puderzucker sowie etwas vom Bratenfond unterrühren, nachwürzen und beiseite stellen.
Nun rollen wir aus dem Teig 2 oder mehrere Platten ungefähr gleicher Größe, und zwar so dünn wie möglich, weil sie durch das Kochen aufquellen und automatisch dicker werden.
Auf eine Teigplatte die Füllung in kleinen Häufchen (nicht größer als ein Haselnusskern) verteilen und dabei jeweils einen Abstand von nicht mehr als 1 cm lassen.
Eine zweite Teigplatte darauflegen und mit den Fingern den Teig zwischen den Häufchen andrücken. Nun schneiden wir mit dem Teigrädchen einzelne Ravioli aus. Das Rädchen schneidet und schließt zugleich die Ravioli aufgrund seiner Zick-Zack-Form.
Wir lassen die Ravioli kurz ruhen und garen sie dann in kochendem Salzwasser. Der Teig an den Doppelseiten darf innen keinen weißen Kern mehr aufweisen.
Den restlichen Bratenfond erhitzen und die übrige Butter dazugeben, eventuell noch 1 EL Wasser.
Sind die Ravioli al dente, kommen sie zum heißen Bratenfond. Wir mischen vorsichtig und servieren direkt auf vorgewärmten Tellern, dazu reichen wir ein Schälchen Extra-Parmesankäse.

*Vorbereitungszeit ca.
2 Stunden 30 Minuten –
3 Stunden*

Ich mag an diesem Gericht das Zimtaroma, das in unserer italienischen Küche wahrlich rar ist. Für meine Mutter ist es jedenfalls ein Graus, süß und salzig wie etwa bei Kochfleisch mit Mostarda, eine Art eingemachte Früchte, zu kombinieren. Sie würde niemals Wild mit Preiselbeeren essen. Aus diesem Grunde bereiten wir im Italienurlaub bei meinen Eltern als deutsches Mahl gern Kassler, Sauerkraut und Knödel zu. Und den rheinischen Sauerbraten lieber bei Tante und Onkel in Cortina.

Pasta und Reis

Rigatoni agli zucchini e tofu affumicato

(Rigatoni mit Zucchini und Räuchertofu)

Zutaten für 4 Personen:

ca. 500 g möglichst kleine, feste Zucchini
100 g Butter
1 Schuss Sonnenblumenöl
Salz und schwarzer Pfeffer aus der Mühle
350 g Rigatoni
100 g Räuchertofu in ca. 2 cm langen und einige mm dicken Streifchen
200 ml Sahne
100 g Parmesan

Ich wasche und trockne die Zucchini, entferne beide Enden und schneide sie in ca. 1/2 x 1/2 cm große Würfel.
Ein Drittel der Butter mit einem kleinen Schuss Sonnenblumenöl in einer großen Pfanne erhitzen und darin die Zucchiniwürfel auf großer Flamme anbraten. Mit Salz und Pfeffer würzen und auf kleiner Flamme ca. 15 Minuten gar brutzeln lassen.
Die Rigatoni in reichlich Salzwasser kochen.
Währenddessen brate ich in einer zweiten großen Pfanne den Räuchertofu in der übrigen Butter kurz an. Wenn die Rigatoni al dente sind, gieße ich sie ab und lasse sie in die Pfanne zum Räuchertofu gleiten. Die Flamme kleiner stellen, Zucchiniwürfel und Sahne dazugeben.
Ich mische gründlich, würze mit weiterem Pfeffer und streue die Hälfte des Parmesans darüber. Umrühren und direkt in der Pfanne servieren. Den restlichen Parmesan bringe ich mit an den Tisch.

Vorbereitungszeit
ca. 30 Minuten

Rigatoni agli zucchini e pancetta affumicata
(Rigatoni mit Zucchini und Räucherspeck)

Zutaten für 4 Personen:

ca. 500 g möglichst kleine, feste Zucchini
100 g Butter
1 Schuss Sonnenblumenöl
Salz und schwarzer Pfeffer aus der Mühle
350 g Rigatoni
100 g Räucherspeck in Streifchen
200 ml Sahne
100 g Parmesan

Ich wasche und trockne die Zucchini, entferne beide Enden und schneide sie in ca. 1/2 x 1/2 cm große Würfel.

Ein Drittel der Butter mit einem kleinen Schuss Sonnenblumenöl in einer großen Pfanne erhitzen und darin die Zucchiniwürfel auf großer Flamme anbraten. Mit Salz und Pfeffer würzen und auf kleiner Flamme ca. 15 Minuten gar brutzeln lassen. Die Rigatoni in reichlich Salzwasser kochen.

Währenddessen brate ich in einer zweiten großen Pfanne den Räucherspeck in der übrigen Butter kurz an.

Wenn die Rigatoni al dente sind, gieße ich sie ab und lasse sie in die Pfanne zum Räucherspeck gleiten.

Die Flamme kleiner stellen, Zucchiniwürfel und Sahne dazugeben. Ich mische gründlich, würze mit weiterem Pfeffer und streue die Hälfte des Parmesans darüber. Umrühren und direkt in der Pfanne servieren. Den restlichen Parmesan bringe ich mit an den Tisch.

Vorbereitungszeit
ca. 30 Minuten

Gnocchi alla „pastissada" con seitan (Nocken „schöne Bescherung" mit seitan)

Zutaten für 4–6 Personen:

Gnocchi aus 1 kg Mehl (s. Grundrezept S. 204)

Für die Sauce
*500 g reife Fleischtomaten (alternativ gute Pomodori pelati)
ca. 500 g marinierter Seitan in kleinen Stücken
1 große Zwiebel
1 Stück Butter zum Anbraten
etwas Olivenöl zum Anbraten
1 Lorbeerblatt
1 Glas schwerer Rotwein
Salz und Pfeffer aus der Mühle
1 Prise Zimt
Parmesan
(alternativ 1 klein gehackter Mozzarella)*

Tomaten für genau 10 Sekunden in kochendes Wasser geben, häuten, in Spalten schneiden, Kerne entfernen und grob hacken.
Wir schneiden den Seitan in sehr kleine Stücke und lassen ihn in einer trockenen, heißen Pfanne kross werden, dabei drücken und wenden wir ihn vorsichtig mit einem Holzlöffel. Die Zwiebel sehr fein hacken und Butter und Olivenöl in einer schweren Pfanne erhitzen. Wir lassen zunächst die Zwiebel mit dem Lorbeerblatt goldbraun werden und braten dann den Seitan auf großer Flamme darin.
Mit Wein ablöschen und wenn dieser verdampft ist, geben wir die Tomaten dazu. Mit Salz und Pfeffer würzen, kräftig rühren und auf kleiner Flamme zugedeckt gute 1–1 Stunde 30 Minuten schmoren.
Ggf. gießen wir noch etwas Wein an, denn die Sauce soll schön geschmeidig bleiben, damit später die Gnocchi im Ofen etwas davon aufsaugen können.
Währenddessen bereiten wir die Gnocchi nach Grundrezept zu.
Kurz bevor die Sauce fertig ist, heizen wir den Backofen auf 180 °C vor. Gnocchi in eine gefettete Backform schichten und vorsichtig mit der Sauce mischen.
Mit Zimt würzen und mit Käse bestreuen, dann im Ofen goldbraun backen.

Vorbereitungszeit ca. 1 Stunde 30 Minuten für die Sauce plus 1 Stunde für die Gnocchi

82 | Pasta und Reis

Gnocchi alla „pastissada" con carne di cavallo o di manzo

(Nocken „schöne Bescherung" mit Pferde- oder Rindfleisch)

Zutaten für 4–6 Personen:

Gnocchi aus 1 kg Mehl (s. Grundrezept S. 204)

Für die Sauce
500 g reife Fleischtomaten (alternativ gute Pomodori pelati)
ca. 400 g Pferdefleisch oder Rindfleisch aus der Keule
1 große Zwiebel
1 Stück Butter zum Anbraten
etwas Olivenöl zum Anbraten
1 Lorbeerblatt
1 Glas schwerer Rotwein
Salz und Pfeffer aus der Mühle
1 Prise Zimt
Parmesan
(alternativ 1 klein gehackter Mozzarella)

Tomaten für genau 10 Sekunden in kochendes Wasser geben, häuten, in Spalten schneiden, Kerne entfernen und grob hacken.

Wir schneiden das Fleisch in sehr kleine Stücke, hacken die Zwiebel fein und erhitzen Butter und Olivenöl in einer schweren Pfanne. Wir lassen zunächst die Zwiebel mit dem Lorbeerblatt goldbraun werden und braten dann das Fleisch auf großer Flamme darin an.

Mit Wein ablöschen und wenn dieser verdampft ist, geben wir die Tomaten dazu. Mit Salz und Pfeffer würzen, kräftig rühren und auf kleiner Flamme zugedeckt gute 3–3 Stunden 30 Minuten schmoren.

Ggf. gießen wir noch etwas Wein an, denn die Sauce soll schön geschmeidig bleiben, damit später die Gnocchi im Ofen etwas davon aufsaugen können.

Währenddessen bereiten wir die Gnocchi nach Grundrezept zu.

Kurz bevor die Sauce fertig ist, heizen wir den Backofen auf 180 °C vor.

Gnocchi in eine gefettete Backform schichten und vorsichtig mit der Sauce mischen.

Mit Zimt würzen und mit Käse bestreuen, dann im Ofen goldbraun backen.

Vorbereitungszeit ca. 4 Stunden für die Sauce plus 1 Stunde für die Gnocchi

Als Halb-Venetianerin bevorzuge ich Rezepte aus der Region meiner Mutter. Dieses bereite ich besonders gern zu und finde den Name auch so lustig: „pastissada" kommt von „pasticciare", was im nicht-kulinarischen Sinne so viel wie „Schlamassel", „Durcheinander" oder eben „eine schöne Bescherung anrichten" bedeutet – so als wäre dieses Gericht ein komplettes Durcheinander an Zutaten und Aromen. Ist es aber nicht!

Pasta und Reis

Gnocchi di patate al tempeh, noci e panna

(Kartoffelnocken mit Tempeh, Sahne und Walnüssen)

Zutaten für 4–6 Personen:

Gnocchi aus 1 kg Kartoffeln (s. Grundrezept S. 204)

Für die Sauce
ca. 150 g marinierter, vorgebratener Tempeh (s. Grundrezept S. 183), klein gewürfelt
wenig Öl zum Anbraten
ca. 150 g geschälte, gehackte Walnüsse
ca. 200 g Sahne
schwarzer Pfeffer aus der Mühle
geriebener Bergkäse oder Parmesan
etwas frisch gehackte Petersilie

Wir bereiten die Gnocchi nach Grundrezept vor. Gnocchi abgießen, in ganz wenig Öl gründlich schwenken, zum marinierten, vorgebratenen Tempeh geben und Walnüsse und Sahne vorsichtig unterrühren; würzen und kurz aufkochen. Dann stelle ich die Flamme aus und streue geriebenen Käse und Petersilie darüber. Ein paar Minuten zugedeckt stehen lassen und direkt in der Pfanne servieren.

Vorbereitungszeit ca. 20 Minuten für die Sauce plus ca. 1 Stunde für die Gnocchi

Gnocchi di patate alla pancetta, noci e panna
(Kartoffelnocken mit Speck, Sahne und Walnüssen)

Zutaten für 4–6 Personen:

Gnocchi aus 1 kg Kartoffeln (s. Grundrezept S. 204)

Für die Sauce
ca. 150 g Pancetta oder Bauchspeck
wenig Öl zum Anbraten
ca. 150 g geschälte, gehackte Walnüsse
ca. 200 g Sahne
schwarzer Pfeffer aus der Mühle
geriebener Bergkäse oder Parmesan
etwas frisch gehackte Petersilie

Wir bereiten die Gnocchi nach Grundrezept vor. Während das Wasser für die Gnocchi kocht, würfeln wir die Pancetta klein und geben sie in eine mit wenig Öl gefettete heiße Pfanne.
Gnocchi abgießen, in ganz wenig Öl gründlich schwenken und warmhalten.
Zur kross gebratenen Pancetta geben wir die Gnocchi, die Walnüsse und die Sahne; vorsichtig rühren, würzen und kurz aufkochen.
Dann stelle ich die Flamme aus und streue geriebenen Käse und Petersilie darüber. Ein paar Minuten zugedeckt stehen lassen und direkt in der Pfanne servieren.

Vorbereitungszeit ca. 20 Minuten für die Sauce, ca. 1 Stunde für die Gnocchi

Obwohl es sich hier um ein recht winterliches Gericht aus Tirol handelt, bringe ich es in meinen Erinnerungen mit einigen Sommerurlauben nördlich von Bozen in Verbindung. Dort bewohnten Onkel und Tante über mehrere Jahre die Scheune einer Berghütte, wo ich mit meiner Kusine Anna die Ferien verbrachte. Tante und Kusine waren übrigens stolze Dirndl-Trägerinnen; ich besaß keines, war aber schon immer eher eine Vertreterin des Understatements. Dort habe ich also Gnocchi mit pancetta, noci e panna verspeist, in den Bergen ist es ja auch im Sommer abends immer etwas kühl.

Maccheroni allo zafferano e tempeh e soja
(Safran-Röhrennudeln mit Tempeh und Soja)

Zutaten für 4 Personen:

150 ml Gemüsebrühe
50 g Sojagranulat
Olivenöl zum Anbraten
1 kleine fein gehackte weiße Zwiebel
1/2 Glas trockener Weißwein
100 g marinierter, vorgebratener Tempeh (s. Grundrezept S. 183), zerbröselt
300 g gerillte Maccheroni
1 Bund gehackte Petersilie
1 Tüte Safran
Salz und schwarzer Pfeffer aus der Mühle
1 Handvoll geriebener Pecorino

Wir kochen die Brühe auf und lassen das Sojagranulat darin 15 Minuten aufquellen, dann gründlich ausdrücken.
In einer Antihaftpfanne in etwas Olivenöl die gehackte Zwiebel kurz anschwitzen und mit einem Schuss Weißwein ablöschen.
Wir können schon jetzt das Salzwasser für die Pasta aufsetzen und die Maccheroni al dente garen lassen. Sobald die Zwiebel glasig wird und der Wein verdampft ist, geben wir das Sojagranulat und den Tempeh dazu. Auf kleiner Flamme zugedeckt kochen, bis es gar riecht, das dauert etwa 20 Minuten.
Jetzt streuen wir gehackte Petersilie und die Safranfäden darüber und löschen mit dem restlichen Wein ab. Gründlich mischen, damit der Safran sich gut unter die Zutaten mischt, und auf großer Flamme den Wein fast vollkommen verdampfen lassen.
Dann fügen wir die Nudeln hinzu und lassen alles ein paar Minuten weiterköcheln.
Wir schmecken mit Salz und Pfeffer ab und servieren direkt in der Pfanne, nachdem wir geriebenen Pecorino darüber gestreut haben. Für die vegetarische Version nehme ich gern etwas mehr Pfeffer.

Vorbereitungszeit ca. 20 Minuten plus 15 Minuten Quellzeit

Maccheroni allo zafferano e salsiccia

(Safran-Röhrennudeln mit Fleischwurst)

Zutaten für 4 Personen:

*1 kleine fein gehackte weiße Zwiebel
Olivenöl zum Anbraten
1/2 Glas trockener Weißwein
300 g gerillte Maccheroni
200 g Fleischwurst, am besten aus einer italienischen Metzgerei
1 Bund gehackte Petersilie
1 Tüte Safran
Salz und schwarzer Pfeffer aus der Mühle
1 Handvoll geriebener Pecorino*

In einer Antihaftpfanne in etwas Olivenöl die gehackte Zwiebel kurz anschwitzen und mit einem Schuss Weißwein ablöschen.

Wir können schon jetzt das Salzwasser für die Pasta aufsetzen und die Maccheroni al dente garen lassen.

Währenddessen pellen wir die Wurst ab und zerkleinern sie mit den Fingern. Sobald die Zwiebel glasig wird und der Wein verdampft ist, kommt die Wurst dazu. Auf kleiner Flamme zugedeckt kochen, bis die Wurst gar riecht. Jetzt streuen wir gehackte Petersilie und die Safranfäden darüber und löschen mit dem restlichen Wein ab. Gründlich mischen, damit der Safran sich gut unter die Zutaten mischt, und auf großer Flamme den Wein fast vollkommen verdampfen lassen.

Dann fügen wir die Nudeln hinzu und lassen alles ein paar Minuten weiterköcheln.

Wir schmecken mit Salz und Pfeffer ab und servieren direkt in der Pfanne, nachdem wir geriebenen Pecorino darüber gestreut haben.

Vorbereitungszeit ca. 20 Minuten

Dieses Rezept hat meine taiwanesischen Freunde so begeistert, dass sie es für das „Spaghetti House" in Taichung City auf die Speisekarte nahmen.

Pesce/tofu
Fisch/Tofu

So leicht und zugleich hocharomatisch kann Fischküche sein – und die vegetarischen Varianten stehen dem in nichts nach! Ob Fischfilets bzw. Tofufilets in grüner Sauce oder Zackenbarsch bzw. Tofu mit Zitrone und Spumante oder Kabeljau bzw. Tofu Pizzaiola-Art – die italienischen Fisch- und Tofuzubereitungen überraschen mit ihrem Aromenreichtum.

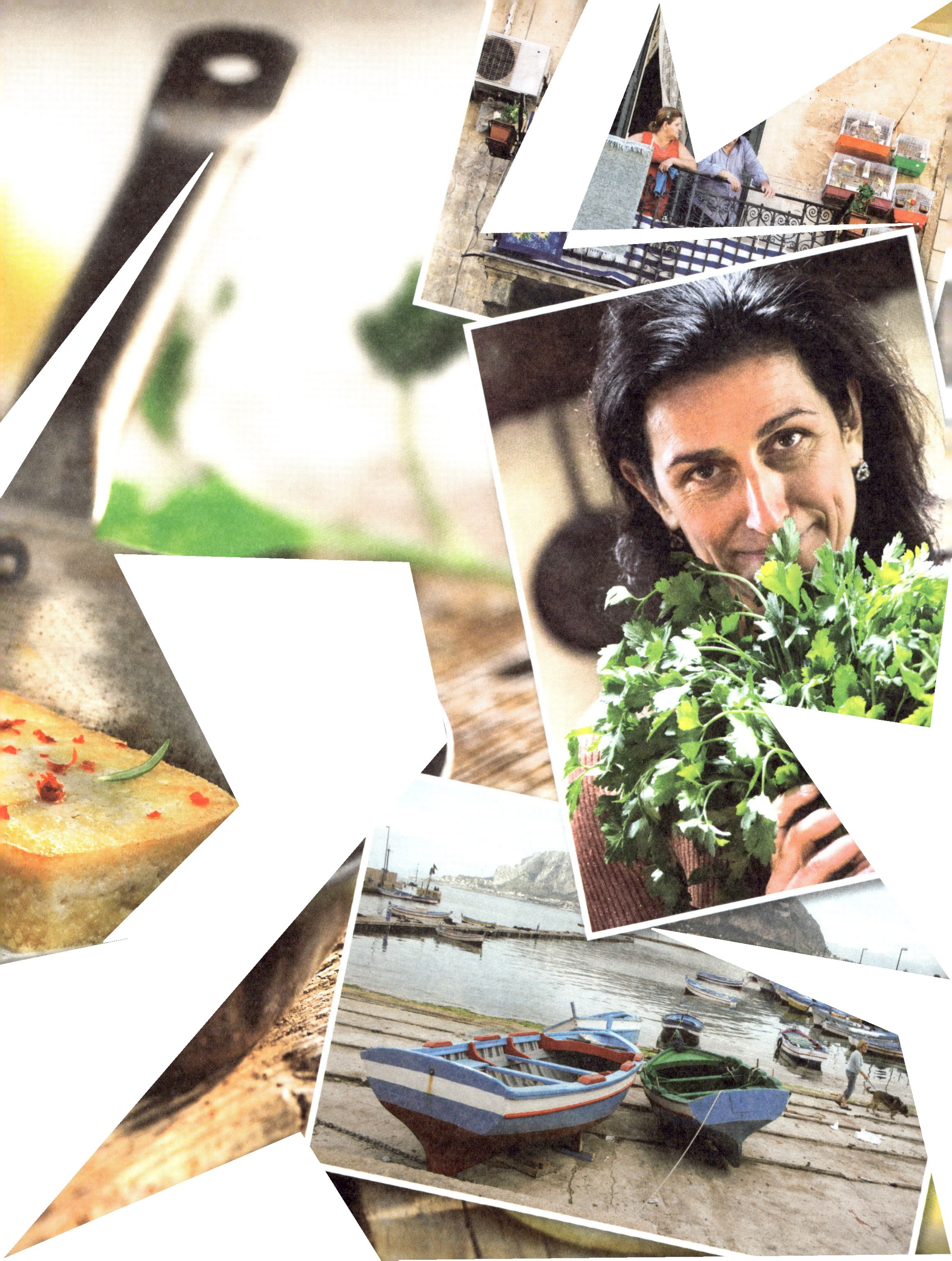

Filetti di tofu con salsa verde
(Tofufilets mit grüner Sauce)

Zutaten für 4 Personen:

600–800 marinierte Tofufilets (s. Grundrezept S. 182)
mindestens 500 g kleinere Kartoffeln
oder 4 Handvoll Risottoreis
etwas Olivenöl
1 Stückchen Butter
etwas gehackte Petersilie
Salz und Pfeffer aus der Mühle

Für die Sauce:
das Innere 1 weißen Brötchens
1 Schuss roter Weinessig
2 Handvoll Petersilie (auch etwas mehr)
1 Knoblauchzehe
1 Würfel Tofukäse
ca. 10 schwarze, entkernte Oliven
Salz und Pfeffer aus der Mühle
Olivenöl

Tofufilets in einer Pfanne beidseitig kross anbraten. Kartoffeln mit der Schale in Salzwasser kochen und pellen bzw. Reis in Salzwasser garen. Anschließend mit einem Stückchen Butter veredeln und leicht mit Petersilie bestreuen.
Die Sauce geht supereinfach: Alle Zutaten gründlich pürieren. Die Sauce soll cremig und nicht zu dickflüssig sein und wird separat zum Tofu serviert. Als grüne Beilage empfehle ich in Butter geschwenkten und mit Salz, Pfeffer und Muskatnuss abgeschmeckten Spinat.

Vorbereitungszeit ca. 30 Minuten

Für die vegetarische Version ziehe ich das Backen oder sogar leichtes Frittieren in der Pfanne vor. Gedämpfter Tofu ist mir etwas zu lasch. Doch wie immer gilt: Probieren geht über Studieren!

Filetti di pesce con salsa verde
(Fischfilets mit grüner Sauce)

Zutaten für 4 Personen:

*4 mittelgroße Fischfilets
Salz und Pfeffer aus der Mühle
etwas Olivenöl
mindestens 500 g kleinere Kartoffeln
oder 4 Handvoll Risottoreis
1 Stückchen Butter
etwas gehackte Petersilie*

Für die Sauce:
*das Innere 1 weißen Brötchens
1 Schuss roter Weinessig
2 Handvoll Petersilie (auch etwas mehr)
1 Knoblauchzehe
4 Anchovisfilets
ca. 10 schwarze, entkernte Oliven
Salz und Pfeffer aus der Mühle
Olivenöl*

Wir haben zwei Möglichkeiten, den Fisch zuzubereiten:
Wir können ihn, leicht mit Salz und Pfeffer gewürzt, dämpfen oder, mit Salz, Pfeffer und etwas Olivenöl gewürzt, auf einem mit Öl bepinselten Blech backen. Zum Backen müssen wir den Ofen rechtzeitig auf 200 °C vorheizen. Die Garzeit beträgt in beiden Fällen ca. 20 Minuten. Kartoffeln mit der Schale in Salzwasser kochen und pellen bzw. Reis in Salzwasser garen. Anschließend mit einem Stückchen Butter veredeln und leicht mit Petersilie bestreuen. Die Sauce geht supereinfach: Brötchenteig mit Essig tränken, alle weiteren Zutaten hinzufügen und gründlich pürieren. Die Sauce soll cremig und nicht zu dickflüssig sein und wird separat zum Fisch serviert.

Als grüne Beilage empfehle ich leicht in Butter geschwenkten und mit Salz, Pfeffer und Muskatnuss abgeschmeckten Spinat.

*Vorbereitungszeit
ca. 30 Minuten*

Für dieses Rezept eignet sich Kabeljau am besten. Sie können aber auch andere Fischsorten verwenden – Hauptsache, eine schmackhafte Sorte!

Filetti di tofu al forno
(Gebackene Tofufilets)

Zutaten für 4 Personen:

8 Tofufilets aus 2 frischen, marinierten Tofustücken à 400 g (s. Grundrezept S. 182)
Olivenöl zum Braten
1 mittelgroße Zwiebel, gehackt
2 Knoblauchzehen, gehackt
7–8 mittelgroße Champignons, in dünne Scheiben geschnitten
1 gelbe oder rote Paprika, in Streifen geschnitten
2 TL Kapern
2 Prisen getrockneter Oregano
5–6 Roma-Tomaten, gewürfelt
Salz und Pfeffer aus der Mühle
1/2 Glas trockener Weißwein
einige schwarze Oliven ohne Kern, grob gehackt
1 Handvoll gehacktes Basilikum

Wir heizen den Ofen auf 180 °C (Ober- und Unterhitze) vor.
Tofufilets in einer Pfanne mit etwas Olivenöl leicht kross vorbraten.
In einer separaten Pfanne in heißem Öl Zwiebel und Knoblauch kurz anbraten. Darin brate ich zuerst die Pilze auf großer Flamme an, damit sie ihr Wasser verlieren. Dann füge ich den Paprika hinzu und brate alles unter Rühren ein paar Minuten weiter. Jetzt geben wir Kapern, Oregano und Tomaten dazu und würzen mit Salz und Pfeffer. Fängt es an, leise zu brutzeln, den Wein darüber gießen. Die Sauce auf mittlerer Flamme köcheln, bis alles sämig eingedickt ist.
Dann nehmen wir die Pfanne vom Feuer und fügen Oliven und frisches Basilikum hinzu.
Tofufilets in eine mit Olivenöl leicht eingefettete Backform legen, mit Sauce übergießen und für ca. 10 Minuten backen. Da der Tofu nicht mehr garen muss, dient die „Backzeit" dem Zweck, die Zutaten gut miteinander zu verbinden. Ich serviere dazu ein Knoblauchbruschetta, das perfekt zu der etwas flüssigen Sauce passt.

Vorbereitungszeit ca. 50 Minuten

Filetti di pesce al forno
(Gebackene Fischfilets)

Wir heizen den Ofen auf 180 °C vor.

In einer Pfanne in heißem Öl Zwiebel und Knoblauch kurz anbraten. Darin brate ich zuerst die Pilze auf großer Flamme an, damit sie ihr Wasser verlieren. Dann füge ich den Paprika hinzu und brate alles unter Rühren ein paar Minuten weiter. Jetzt geben wir Kapern, Oregano und Tomaten dazu und würzen mit Salz und Pfeffer. Fängt es an, leise zu brutzeln, den Wein darüber gießen. Die Sauce auf mittlerer Flamme köcheln, bis alles sämig eingedickt ist.

Dann nehmen wir die Pfanne vom Feuer und fügen Oliven und frisches Basilikum hinzu.

Fischfilets in eine mit Olivenöl leicht eingefettete Backform legen, mit Sauce übergießen und für ca. 20 Minuten backen. Ich serviere dazu ein Knoblauchbruschetta, das perfekt zu der etwas flüssigen Sauce passt.

Vorbereitungszeit ca. 1 Stunde

Zutaten für 4 Personen:

Olivenöl zum Braten
1 mittelgroße Zwiebel, gehackt
2 Knoblauchzehen, gehackt
7–8 mittelgroße Champignons, in dünne Scheiben geschnitten
1 gelbe oder rote Paprika, in Streifen geschnitten
2 TL Kapern
2 Prisen getrockneter Oregano
5–6 Roma-Tomaten, gewürfelt
Salz und Pfeffer aus der Mühle
1/2 Glas trockener Weißwein
einige schwarze Oliven ohne Kern, grob gehackt
1 Handvoll gehacktes Basilikum
4 Filets à ca. 200 g Weißfisch (z. B. Dorsch, Scholle, aber auch Pangasius)

Dieses Rezept stammt aus Sizilien.

Tofu al limone
(Tofu mit Zitrone und Spumante)

Zutaten für 4 Personen:

*600 g marinierter Tofu
(s. Grundrezept Fischtofu
S. 182)
1 unbehandelte Zitrone,
die Schale in Stifte
geschnitten
50 ml Tofumarinade
mit 50 ml Wasser
Olivenöl
1 Sträußchen gehackte
frische Mischkräuter
(z. B. Petersilie, Thymian,
Salbei, Majoran)
600 g Baby-Kartoffeln
1/2 Glas trockener
Weißwein
1 EL Butterschmalz
100 ml Spumante oder
Prosecco
100 ml Kochsahne
1 1/2 EL Maisstärke,
in wenig Wasser gelöst
Salz und Pfeffer aus der
Mühle*

Wir schneiden den Tofu in 8 dickere Scheiben und spicken diese mit Stiften der Zitronenschale, bevor wir sie in die Tofumarinade legen. Für dieses Rezept ist es ratsam, den Tofu länger zu marinieren.
Den Backofen auf 180 °C vorheizen.
Wir wälzen die Tofuscheiben in Olivenöl und der Hälfte der Kräuter. In einer Pfanne kurz anbraten und für ca. 15 Minuten in den Ofen schieben.
Wir kochen die Kartoffeln mit Schale in Salzwasser mit etwa der zweiten Hälfte der Kräuter (1 EL zurückbehalten). Sind sie gar, filtern wir sie durch ein mit Weißwein getränktes Tuch. Dieses Tuch um die Kartoffeln wickeln und ruhen lassen, bis sie nur noch lauwarm sind. Jetzt pellen wir sie und braten sie in Butterschmalz.
Für die Sauce reduzieren wir Spumante im Topf, gießen die Marinade-Wassermischung dazu und reduzieren weiter. Sahne und gelöste Maisstärke zufügen und kräftig mit Salz und Pfeffer würzen. Weiter reduzieren, bis wir eine cremige Sauce erhalten.
Tofu und Kartoffeln anrichten, mit Sauce übergießen und mit restlichen Kräutern bestreuen.

*Vorbereitungszeit
ca. 40 Minuten*

Für die Sauce mischen wir gesiebte Tofumarinade wegen ihres intensiven Geschmacks mit 50 ml Wasser.

Cernia al limone con spumante
(Zackenbarsch mit Zitrone und Spumante)

Zutaten für 4 Personen:

600 g Zackenbarsch oder ein anderer milder Fisch (z. B. Seezunge)
1 unbehandelte Zitrone, die Schale in Stifte geschnitten
Olivenöl
1 Sträußchen gehackte frische Mischkräuter (z. B. Petersilie, Thymian, Salbei, Majoran)
600 g Baby-Kartoffeln
1/2 Glas trockener Weißwein
1 EL Butterschmalz
100 ml Spumante oder Prosecco
100 ml Fischfond
100 ml Kochsahne
1 1/2 EL Maisstärke, in wenig Wasser gelöst
Salz und Pfeffer aus der Mühle

Den Backofen auf 180 °C vorheizen.

Wir schneiden den Fisch in größere Stücke und ritzen sie mehrmals ein. Mit Stiften der Zitronenschale spicken, in Olivenöl und der Hälfte der Kräuter wälzen. In einer Pfanne kurz anbraten und für ca. 15 Minuten in den Ofen schieben.

Wir kochen die Kartoffeln mit Schale in Salzwasser mit etwa der zweiten Hälfte der Kräuter (1 EL zurückbehalten). Sind sie gar, filtern wir sie durch ein mit Weißwein getränktes Tuch. Dieses Tuch um die Kartoffeln wickeln und ruhen lassen, bis sie nur noch lauwarm sind.

Jetzt pellen wir sie und braten sie in Butterschmalz.

Für die Sauce reduzieren wir Spumante im Topf, gießen den Fischfond dazu und reduzieren weiter. Sahne und gelöste Maisstärke zufügen und kräftig mit Salz und Pfeffer würzen. Weiter reduzieren, bis wir eine cremige Sauce erhalten.

Fisch und Kartoffeln anrichten, mit Sauce übergießen und mit restlichen Kräutern bestreuen.

Vorbereitungszeit ca. 40 Minuten

Filetti di tofu gratinati
Gratinierte Tofufilets

Zutaten für 4 Personen:

8 Scheiben sehr frischer, marinierter Tofu (s. Grundrezept S. 182)
4 mittelgroße Fleischtomaten
2 mittelgroße Zucchini
Olivenöl
3 gehackte Knoblauchzehen
2 EL gehackte Petersilie
Salz und Pfeffer
1/2 Glas Weißwein
5 klein geschnittene grüne Oliven
1 Mozzarella, gewürfelt
1 EL Paniermehl

Den Ofen heizen wir nur auf 150 °C vor, da der Tofu vorgebraten wird und nicht darin garen muss.
Tofufilets aus der Marinade nehmen, trocken tupfen und beiseite stellen.
Tomaten in kochendem Wasser genau 10 Sekunden brühen und vorsichtig häuten, vierteln und harte Stellen sowie Samen entfernen. Wir würfeln die Tomaten in 1/2 x 1/2 cm große Stückchen und stellen sie zur Seite. Auch die Zucchini würfeln wir in der gleichen Größe.
Erst Knoblauch, dann Zucchini in 2 EL erhitztem Olivenöl in einer Pfanne anbraten. Salzen, pfeffern und auf hoher Flamme unter Rühren braten, damit sich kein Wasser bildet, sondern die Feuchtigkeit sofort verdampft.
Zu den leicht gebräunten Zucchini fügen wir gehackte Petersilie und die gewürfelten Tomaten hinzu. Mit Salz und Pfeffer abschmecken und mit der Hälfte des Weißweins ablöschen, dabei schnell verdampfen lassen. Die Tomaten sollen dabei nicht zusammenfallen und nicht zu einer Sauce werden.
Wir nehmen die Pfanne vom Feuer und mischen die Oliven unter.
Gemüsemischung aus der Pfanne nehmen und beiseite stellen. Tofufilets mit etwas Olivenöl in der Pfanne auf beiden Seiten goldbraun braten. Ggf. mit Salz und Pfeffer nachwürzen.
Eine Backform mit Olivenöl bepinseln und den Tofu hineinlegen. Nochmals mit Olivenöl bepinseln und mit wenig Salz und Pfeffer nachwürzen. Mit restlichem Weißwein beträufeln und mit der Gemüsemischung bedecken.
Mozzarella über die Mischung geben, mit Paniermehl bestreuen und mit Alufolie bedeckt für 15 Minuten in den Ofen schieben. Dann die Folie entfernen und für ca. weitere 10 Minuten gratinieren, bis die Mozzarella leicht gebräunt ist. Das Gericht wird direkt in der Backform mit knusprigen Filoncinoscheiben serviert.

Vorbereitungszeit ca. 1 Stunde

Filetti di sogliola gratinati
(Gratinierte Schollenfilets)

Zutaten für 4 Personen:

800 g Schollenfilets
Salz und Pfeffer
4 mittelgroße Fleischtomaten
2 mittelgroße Zucchini
Olivenöl
3 gehackte Knoblauchzehen
2 EL gehackte Petersilie
1/2 Glas Weißwein
5 klein geschnittene grüne Oliven
1 Mozzarella, gewürfelt
1 EL Paniermehl

Zuerst heizen wir den Ofen auf ca. 200 °C vor. Schollenfilets unter fließendem Wasser abspülen, trocken tupfen, mit Salz und Pfeffer beidseitig einreiben und zur Seite stellen.

Tomaten in kochendem Wasser genau 10 Sekunden brühen und vorsichtig häuten, vierteln und harte Stellen sowie Samen entfernen. Wir würfeln die Tomaten in 1/2 x 1/2 cm große Stückchen und stellen sie zur Seite. Auch die Zucchini würfeln wir in der gleichen Größe.

Erst Knoblauch, dann Zucchini in 2 EL erhitztem Olivenöl in einer Pfanne anbraten. Salzen, pfeffern und auf hoher Flamme unter Rühren braten, damit sich kein Wasser bildet, sondern die Feuchtigkeit sofort verdampft.

Zu den leicht gebräunten Zucchini fügen wir gehackte Petersilie und die gewürfelten Tomaten hinzu. Mit Salz und Pfeffer abschmecken und mit der Hälfte des Weißweins ablöschen, dabei schnell verdampfen lassen. Die Tomaten sollen dabei nicht zusammenfallen und nicht zu einer Sauce werden.

Wir nehmen die Pfanne vom Feuer und mischen die Oliven unter.

Eine Backform mit Olivenöl bepinseln und die gewürzten Schollenfilets hineinlegen.

Nochmals mit Olivenöl bepinseln und mit wenig Salz und Pfeffer nachwürzen. Mit restlichem Weißwein beträufeln und mit der Gemüsemischung bedecken. Die Ofentemperatur wird jetzt auf 170 °C reduziert. Mozzarella über die Mischung geben, mit Paniermehl bestreuen und mit Alufolie bedeckt für 15 Minuten in den Ofen schieben. Dann die Folie entfernen und für ca. weitere 10 Minuten gratinieren, bis die Mozzarella leicht gebräunt ist. Das Gericht wird direkt in der Backform mit knusprigen Filoncinoscheiben serviert.

Vorbereitungszeit
ca. 1 Stunde

Tofu alla pizzaiola
(Tofu Pizzaiola Art)

Zutaten für 4 Personen:

600–800 g frischer, marinierter Tofu in ca. 2,5 cm dicken Scheiben (s. Grundrezept S. 182)
Salz und Pfeffer aus der Mühle
2 El Olivenöl für die Marinade plus etwas Öl zum Anbraten
3 EL gehackte Petersilie
2 Lorbeerblätter
1 kleiner Thymianzweig, gerebelt (nach Belieben)
3 Knoblauchzehen, fein gehackt
1 TL Kapern, fein gehackt
2 TL eingelegter Tofukäse
1 Dose (400 g) Pomodori pelati, zerkleinert, mit Saft

Wir nehmen die marinierten Tofufilets aus der Fischmarinade, tupfen sie trocken, reiben sie beidseitig mit reichlich Salz und Pfeffer ein. Einen großen Teller mit 1 EL Olivenöl bepinseln und mit der Hälfte der Petersilie und 1 zerbröselten Lorbeerblatt, ggf. auch der Hälfte des Thymians, bestreuen. Tofu sanft in die Mischung drücken und mit den gleichen Zutaten bestreuen. Er soll gut durchziehen, wir können auch ein paar Extra-Tropfen Öl darüber träufeln. Wir decken den Teller zu und stellen ihn in den Kühlschrank. Nach 30 Minuten wenden wir die Filets und lassen sie weitere 1 Stunde 30 Minuten im Kühlschrank marinieren.

30 Minuten vor Ende der Marinierzeit Knoblauch und Kapern in einer großen Pfanne mit Öl kurz anbraten und die Tomaten und deren Saft dazugeben. Mit Salz und Pfeffer gewürzt zugedeckt auf kleiner Flamme ca. 15–20 Minuten köcheln, bis die Sauce eingedickt, aber nicht zu trocken ist. Dann rühren wir den cremig zerdrückten Tofukäse unter der Sauce.

In einer zweiten Pfanne erhitzen wir nun die Marinadeflüssigkeit des Tofus und braten die Filets darin beidseitig kross und gar. Wir können entweder auf einer vorgewärmten Servierplatte die heiße Tomatensauce über den Tofu gießen oder diesen in der Sauce kurz aufkochen lassen.

Dazu mag ich Salat und frisches Brot.

Vorbereitungszeit ca. 30 Minuten plus 2 Stunden Marinierzeit

Ein Rezept aus der Region Campania. Bleibt etwas Sauce übrig, können sie ein Pastagericht damit anmachen.

Merluzzo alla pizzaiola

(Kabeljau Pizzaiola Art)

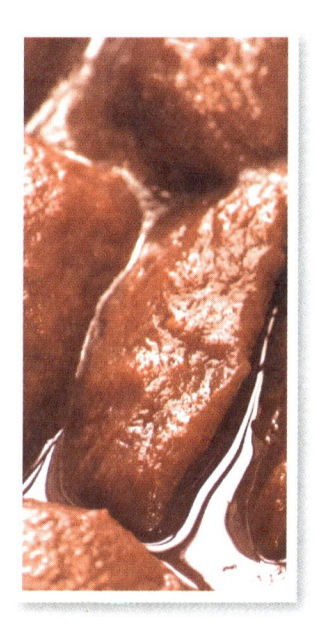

Zutaten für 4 Personen:

*4 Kabeljaufilets à 200 g
Salz und Pfeffer aus der Mühle
2 EL Olivenöl für die Marinade plus etwas Öl zum Anbraten
3 EL gehackte Petersilie
2 Lorbeerblätter
1 kleiner Thymianzweig, gerebelt (nach Belieben)
3 Knoblauchzehen, fein gehackt
4–5 Sardellenfilets, fein gehackt
1 Dose (400 g) Pomodori pelati, zerkleinert, mit Saft*

Wir waschen die Fischfilets und tupfen sie trocken, reiben sie beidseitig mit reichlich Salz und Pfeffer ein. Einen großen Teller mit 1 EL Olivenöl bepinseln und mit der Hälfte der Petersilie und 1 zerbröselten Lorbeerblatt, ggf. auch der Hälfte des Thymians, bestreuen. Fisch sanft in die Mischung drücken und mit den gleichen Zutaten bestreuen. Er soll gut durchziehen, wir können auch ein paar Extra-Tropfen Öl darüber träufeln. Wir decken den Teller zu und stellen ihn in den Kühlschrank. Nach 30 Minuten wenden wir die Filets und lassen sie weitere 1 Stunde 30 Minuten im Kühlschrank marinieren.

30 Minuten vor Ende der Marinierzeit Knoblauch und Sardellen in einer großen Pfanne mit Öl kurz anbraten und die Tomaten und deren Saft dazugeben. Mit Salz und Pfeffer gewürzt zugedeckt auf kleiner Flamme ca. 15–20 Minuten köcheln, bis die Sauce eingedickt, aber nicht zu trocken ist.

In einer zweiten Pfanne erhitzen wir nun die Marinadeflüssigkeit des Fisches und braten die Filets darin beidseitig kross und gar. Wir können entweder auf einer vorgewärmten Servierplatte die heiße Tomatensauce über den Fisch gießen oder diesen in der Sauce kurz aufkochen lassen.

Dazu mag ich Salat und frisches Brot.

*Vorbereitungszeit
ca. 30 Minuten plus
2 Stunden Marinierzeit*

Filetti di tofu al finocchio

(Tofufilets mit Fenchelgemüse)

Zutaten für 4 Personen:

ca. 800 g marinierte Tofufilets (s. Grundrezept S. 182)
1 kg Fenchelknollen, sehr fein gehobelt
1/2 Glas trockener Weißwein
1 gestrichener TL Kreuzkümmelsamen
Kräutersalz
schwarzer Pfeffer aus der Mühle
1 kleine Schalotte in dünnen Scheiben
Saft 1 Zitrone
Olivenöl

Wir heizen den Ofen auf 250 °C vor.
Tofufilets in einer Antihaftpfanne kross braten und in eine Backform legen.
Das Fenchelgrün und die zarteren Stiele (den „Fenchelbart") hacken. Über die Filets streuen und vorsichtig mit Weißwein übergießen.
Über die sehr fein gehobelten Fenchel- und Schalottenscheiben streuen wir Kreuzkümmelsamen, Kräutersalz und Pfeffer. Zitronensaft und einen guten Schuss Olivenöl dazugeben, gründlich mischen und über den Tofu verteilen.
Wir reduzieren die Ofentemperatur auf 180 °C und backen den Fisch etwa 20–25 Minuten. Direkt vom Blech servieren – ich reiche dazu kleine Pellkartoffeln.

Vorbereitungszeit ca. 1 Stunde

Branzino al finocchio
(Wolfsbarsch mit Fenchelgemüse)

Zutaten für 4 Personen:

*1 küchenfertiger Wolfsbarsch (ca. 1 kg), alternativ Fischfilets (ca. 800 g)
1 kg Fenchelknollen, sehr fein gehobelt
Kräutersalz
schwarzer Pfeffer aus der Mühle
Olivenöl
1/2 Glas trockener Weißwein
1 kleine Schalotte in dünnen Scheiben
1 gestrichener TL Kreuzkümmelsamen
Saft 1 Zitrone*

Wir heizen den Ofen auf 250 °C vor.
Fisch waschen und trockentupfen, die Seiten schräg einschneiden.
Das Fenchelgrün und die zarteren Stiele (den „Fenchelbart") hacken. Den Fisch damit sowie mit Kräutersalz, Pfeffer und etwas Olivenöl füllen. Die Außenhaut reiben wir mit Kräutersalz und Pfeffer ein.
Auf ein mit Öl bepinseltes Backblech legen und mit Weißwein übergießen.
Über die sehr fein gehobelten Fenchel- und Schalottenscheiben streuen wir Kreuzkümmelsamen, Kräutersalz und Pfeffer. Zitronensaft und einen guten Schuss Olivenöl dazugeben, gründlich mischen und über den Fisch verteilen.
Wir reduzieren die Ofentemperatur auf 180 °C und backen den Fisch etwa 20–25 Minuten. Direkt vom Blech servieren – ich reiche dazu kleine Pellkartoffeln.

Vorbereitungszeit ca. 1 Stunde

Dieses sehr delikate Feinschmeckergericht habe ich zum ersten Mal von meiner guten Freundin Tiziana aus Porto San Giorgio (Marken) in Indien serviert bekommen. Sie können sowohl Filets als auch ganze Fische verwenden. Ich bevorzuge die letztere Version, da bei kompletten Salzwasserfischen das Kalzium der Gräten während des Backvorgangs in das Fleisch dringt – das macht es schmackhafter und gesünder!

Fisch

Filetti di tofu alle verdure
(Tofufilets mit Gemüse)

Zutaten für 4 Personen:

2 mittelgroße weiße Zwiebeln
2 mittelgroße Möhren
4 mittelgroße Kartoffeln
etwas Bio-Sonnenblumenöl zum Braten
8 marinierte Tofufilets à ca. 100 g (s. Grundrezept S. 182)
1 EL gehackter Dill
Salz und Pfeffer aus der Mühle
150 ml trockener Weißwein
ca. 300 ml gesiebte Tofumarinade (ggf. verlängert, falls sie zu stark im Geschmack ist)

Wir schneiden die Zwiebeln in dünne Ringe sowie Möhren und Kartoffeln in dünne Scheiben.
In einer großen Pfanne erhitzen wir etwas Öl und braten zunächst Kartoffelscheiben und Zwiebelringe für ca. 3–4 Minuten an, geben die Möhrenscheiben hinzu und lassen das Ganze 2 Minuten brutzeln. Tofufilets in einer Extra-Pfanne in wenig Öl beidseitig kross anbraten. Filets nebeneinander auf das Gemüsebett in der anderen Pfanne legen und mit Dill bestreuen. Kräftig mit Salz und Pfeffer würzen. Wein und Tofumarinade angießen, der Tofu muss nicht komplett bedeckt sein.
Zum Kochen bringen, dann auf kleine Flamme stellen und zugedeckt köcheln lassen, bis die Kartoffeln gar sind. Ich würze nach einigen Minuten etwas nach.
Den Tofu richte ich entweder mit Gemüse und etwas Sauce auf einzelnen Tellern an oder aber das komplette Gericht auf einer vorgewärmten Servierplatte – in diesem Fall kann ich die Sauce in der Pfanne mit etwas Mehl andicken, falls sie zu flüssig wirkt.

*Vorbereitungszeit
ca. 45 Minuten*

Salmone alle verdure
(Lachs mit Gemüse)

Zutaten für 4 Personen:

2 mittelgroße weiße Zwiebeln
2 mittelgroße Möhren
4 mittelgroße Kartoffeln
etwas Bio-Sonnenblumenöl zum Braten
4 Lachsfilets à ca. 200 g
1 EL gehackter Dill
Salz und Pfeffer aus der Mühle
150 ml trockener Weißwein
ca. 300 ml warmer Fischfond mit 1 TL Salz und einigen „Mühlendrehungen" Pfeffer

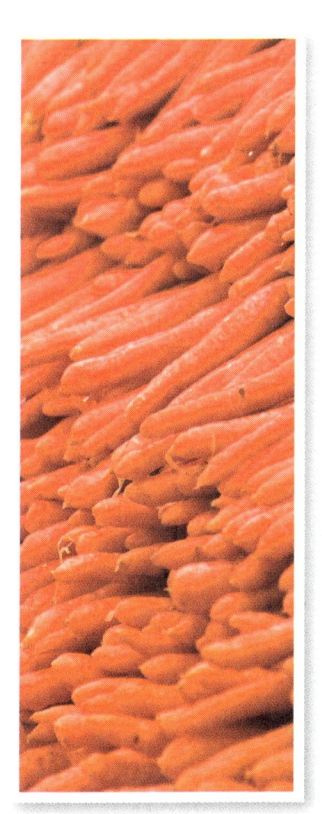

Wir schneiden die Zwiebeln in dünne Ringe sowie Möhren und Kartoffeln in dünne Scheiben.

In einer großen Pfanne erhitzen wir etwas Öl und braten zunächst Kartoffelscheiben und Zwiebelringe für ca. 3–4 Minuten an, geben die Möhrenscheiben hinzu und lassen das Ganze 2 Minuten brutzeln. Filets nebeneinander auf dieses Gemüsebett legen und mit Dill bestreuen. Kräftig mit Salz und Pfeffer würzen. Wein und Fischfond angießen, sodass der Fisch bedeckt ist, ggf. mit etwas Wein und Wasser auffüllen. Zum Kochen bringen, dann auf kleine Flamme stellen und zugedeckt ca. 20–25 Minuten kochen lassen, bis der Fisch durch ist. Ich würze nach etwa 10 Minuten etwas nach.

Den Fisch richte ich entweder mit Gemüse und etwas Sauce auf einzelnen Tellern an oder aber das komplette Gericht auf einer vorgewärmten Servierplatte – in diesem Fall kann ich die Sauce in der Pfanne mit etwas Mehl andicken, falls sie zu flüssig wirkt.

Vorbereitungszeit ca. 40 Minuten

Auch wenn Lachs nicht zu den typisch südeuropäischen Fischsorten zählt, ist er trotzdem oder gerade deswegen in Italien sehr beliebt. Das Rezept eines in die USA ausgewanderten Italieners brachte mich auf die Idee zu dieser Mischung aus italienischer und internationaler Küche. Statt Lachsfilets kann man, wer es mag, auch einen ganzen Fisch (ca. 1 kg) nehmen, hier verlängert sich die Kochzeit um ca. 15 Minuten.

Tofu alla pugliese
(Marinierter Tofu apulische Art)

Zutaten für 4 Personen:

6–8 marinierte Tofufilets (ca. 800 g, s. Grundrezept S. 182)
Olivenöl
2 Knoblauchzehen
1 Sträußchen Petersilie
1 TL eingelegte Ijiki-Algen aus der Tofumarinade
1 Prise getrocknete Ijiki-Algen
4 mittelgroße Kartoffeln
wenig Butter zum Einfetten
1 Handvoll aromatische Cherrytomaten
Salz und Pfeffer aus der Mühle
3 EL geriebener Pecorino

Wir heizen den Ofen auf 180 °C vor.
Tofufilets aus der Marinade nehmen, trocken tupfen und in wenig Olivenöl kross anbraten.
Nun bereiten wir aus Knoblauch, Petersilie und Olivenöl ein lockeres Pesto vor. Etwas Fischmarinade, Algen und getrocknete Ijiki-Algen unter das Pesto mischen. Die Kartoffeln schälen und hobeln wir in sehr feine, fast chipsartige Scheiben.
Eine Auflaufform, groß genug für die Tofufilets, mit etwas Butter einfetten.
Tomaten in Hälften schneiden. Pesto über die Kartoffelscheibchen verteilen, mit Salz und Pfeffer würzen. Gründlich mischen und mit der Hälfte davon die Form auslegen. Etwas Pecorino darüber streuen, eine Hälfte der Tomaten und Tofufilets auflegen, wieder mit Pecorino bestreuen.
Mit einer weiteren Schicht Kartoffeln, Salz, Pfeffer, Pecorino und Tomaten bedecken. Mit Olivenöl beträufelt 45 Minuten backen und noch heiß servieren.

Dazu serviere ich gerne so wie meine Tante gehobelte, in wenig Butter leicht angeschmorte junge Möhren mit einigen angebratenen Basilikumblättern und einem Hauch Muskatnuss. Ich finde die Kombination sehr gelungen!

Vorbereitungszeit ca. 1 Stunde 30 Minuten

Orata alla pugliese
(Goldbrasse apulische Art)

Zutaten für 4 Personen:

1 küchenfertige Goldbrasse (ca. 800 g)
2 Knoblauchzehen
Olivenöl
Salz und Pfeffer aus der Mühle
1 Sträußchen Petersilie
4 mittelgroße Kartoffeln
wenig Butter zum Einfetten
1 Handvoll aromatische Cherrytomaten
3 EL geriebener Pecorino

Wir heizen den Ofen auf 180 °C vor.
Den Fisch unter fließendem Wasser waschen und mit Küchenkrepp sorgfältig trocknen. Wir ritzen die Oberfläche quer ein, reiben sie mit einer Knoblauchzehe ab und bepinseln sie mit ein wenig Öl. Den Fisch von innen und außen mit Salz und Pfeffer würzen. Nun bereiten wir aus Knoblauch, Petersilie und Olivenöl ein lockeres Pesto vor. Die Kartoffeln schälen und hobeln wir in sehr feine, fast chipsartige Scheiben. Eine Auflaufform, groß genug für den ganzen Fisch, mit etwas Butter einfetten.
Tomaten in Hälften schneiden. Pesto über die Kartoffelscheibchen verteilen, mit Salz und Pfeffer würzen. Gründlich mischen und mit der Hälfte davon die Form auslegen. Etwas Pecorino darüber streuen, eine Hälfte der Tomaten und den Fisch auflegen, wieder mit Pecorino bestreuen.
Mit einer weiteren Schicht Kartoffeln, Salz, Pfeffer, Pecorino und Tomaten bedecken. Mit Olivenöl beträufelt 45 Minuten backen und noch heiß servieren.
Dazu serviert meine Tante gehobelte, in wenig Butter leicht angeschmorte junge Möhren mit einigen angebratenen Basilikumblättern und einem Hauch Muskatnuss. Ich finde die Kombination sehr gelungen!

Vorbereitungszeit ca. 1 Stunde 30 Minuten

Für meine Tante Berta habe ich einfach eine Schwäche. Als ich klein war, lebten sie und ihre Familie 1000 Kilometer von uns entfernt, nämlich in Bari. Wir trafen sie leider äußerst selten und als sie Jahre später zurück in den Norden zogen, lebte ich schon längst nicht mehr in Italien. Also, hier ist ein weiteres apulisches Rezept von ihr, was allerdings auch mit Reis und Miesmuscheln statt Fisch hervorragend schmeckt! Wenn man den Fisch küchenfertig erwirbt und nicht selbst vorbereitet, spart man ein wenig Zeit.

Fisch | 105

Carne/seitan e soja
Fleisch/seitan und soja

Die folgenden Fleischrezepte habe ich für Vegetarier mit Seitan zubereitet, und zwar so, dass jedes davon auch mit Soja zubereitet werden kann, wenn man sich an die Marinierzeit hält.

Ich habe eine Stoppuhr in der Nase: Ich rieche, wann Fleisch gar ist. Ich sage dazu „wenn Fleisch nicht mehr nach Fleisch riecht", denn es riecht bis zu einem gewissen Zeitpunkt immer noch wild, roh. Und plötzlich riecht es harmonisch anders. Mit Sojafleisch habe ich die gleiche Erfahrung gemacht: Bei Rezepten mit langer Garzeit lasse ich Sojafleisch eine halbe Stunde im Sud köcheln, drücke es gut aus und behandle es dann wie im Fleischrezept. Seitansud passt genauso gut zu Sojafleisch, man muss lediglich die Mengen dementsprechend beachten. Und bitte bedenken: Sojafleisch verdreifacht sein Trockengewicht nach dem Aufquellen.

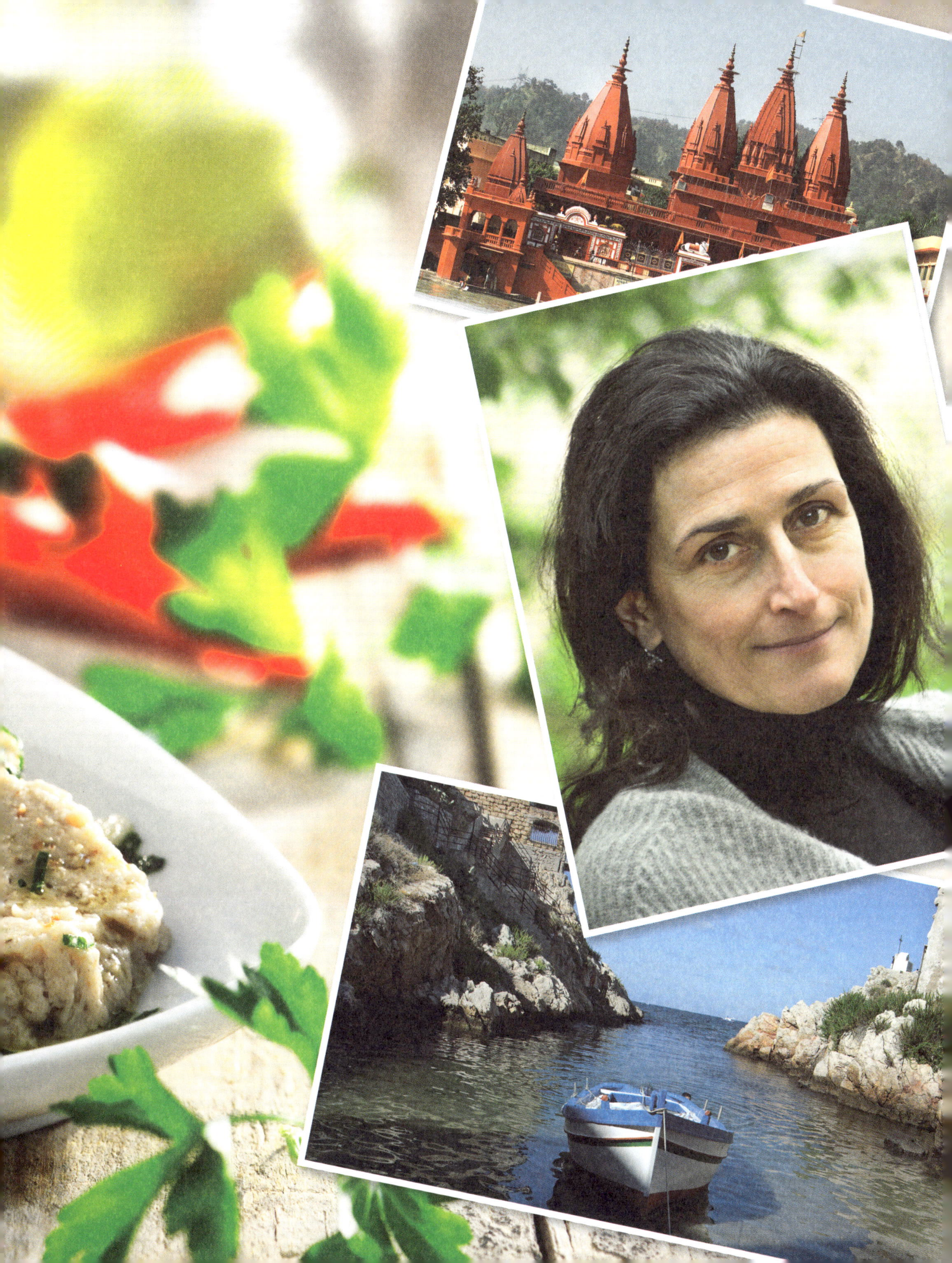

Seitanpiccata al prezzemolo
(Seitanscheiben mit Petersilie)

Zutaten für 4 Personen:

2 EL Mehl
Salz und Pfeffer aus der Mühle
400 g Seitan in dünnen Scheiben
2 EL Butter
6–7 Scheiben marinierter, vorgebratener Tempeh (s. Grundrezept S. 183), in feine Streifen geschnitten
1/2 Glas Gemüsebrühe
2 EL gehackte Petersilie
Saft 1/2 Zitrone

Wir verzichten hier auf das Klopfen, das würde dem Seitan nicht gut tun! Falls wir später nicht genug Bratensud haben, können wir 1–2 EL Seitansud dazugießen.
Mehl und eine Prise Salz auf einen Teller streuen und die Seitanscheiben darin wälzen. Anschließend etwas schütteln, sie sollen nur leicht mit Mehl bedeckt sein.

Wir zerlassen 1 EL Butter in einer Antihaftpfanne, die Tempehstreifen sollen leise darin braten. Dann erhöhen wir die Temperatur und geben die Seitanscheiben dazu. Sie sollen so lange braten, bis sie schön kross sind. Dann legen wir sie auf eine Servierplatte und stellen sie warm.
Wir geben etwas Seitansud in die Pfanne, gießen Brühe dazu und lassen die Flüssigkeit kurz aufkochen, bis wir eine etwas dickere Sauce haben. Die Pfanne vom Feuer nehmen und restliche Butter, Petersilie und Zitronensaft gründlich untermischen. Ich gieße die Sauce über den Seitan und serviere sehr heiß.

Vorbereitungszeit ca. 30 Minuten

Piccata al prezzemolo
(Kalbsnussscheiben mit Petersilie)

Zutaten für 4 Personen:

400 g Kalbsnuss in dünnen Scheiben
2 EL Mehl
Salz und Pfeffer aus der Mühle
2 EL Butter
2 dickere Scheiben Prosciutto crudo
(ca. 1/2 cm dick),
in Streifen geschnitten
1/2 Glas Gemüsebrühe
2 EL gehackte Petersilie
Saft 1/2 Zitrone

Wir klopfen vorsichtig die Kalbsscheiben mit einem nassen Messer oder Fleischklopfer flach und tupfen sie trocken. Mehl und eine Prise Salz auf einen Teller streuen und die Fleischscheiben darin wälzen. Anschließend etwas schütteln, sie sollen nur leicht mit Mehl bedeckt sein.

Wir zerlassen 1 EL Butter in einer Antihaftpfanne, die Prosciuttostreifen sollen ein paar Minuten darin leise braten. Dann erhöhen wir die Temperatur und legen die Kalbsscheiben dazu. Sie sollen schnell gar werden und keine Feuchtigkeit verlieren.

Wir wenden sie und sobald sie schön gar sind, legen wir sie auf eine Servierplatte und stellen sie warm. Mit einem Holzlöffel lösen wir den Bratensud, gießen Brühe an und lassen diese kurz aufkochen, bis wir eine etwas dickere Sauce haben. Die Pfanne vom Feuer nehmen und restliche Butter, Petersilie und Zitronensaft gründlich untermischen. Ich gieße die Sauce über das Fleisch und serviere sehr heiß.

Vorbereitungszeit
ca. 30 Minuten

Dies ist ein traditionelles Mailänder Gericht. Der Ausdruck „Piccata" kommt von „picchiare" (gesprochen: pikkiare), das heißt hauen, klopfen, schlagen. Die dünn geschnittenen Kalbscheiben werden mit der flachen Seite eines nassen Fleischmessers oder Fleischklopfers zusätzlich flach geklopft. Alternativ können Sie auch Pute oder Hähnchen verwenden.

Seitan alla giardiniera
(Seitan Gärtnerin-Art)

Zutaten für 4 Personen:

600–700 g marinierter Seitan in ca. 5 cm dicken Scheiben (s. Grundrezept S. 178)
Olivenöl
etwas Mehl
Salz und Pfeffer aus der Mühle
1 Portion Soffritto (s. Grundrezept S. 194)
1 trockener Peperoncino, zerbröselt (alternativ 1 Msp. Sambal Olek)
15 g Butter
2 Knoblauchzehen, fein gehackt
1 Glas trockener Weißwein
1/3 l Gemüsebrühe (aus 1 Brühwürfel),
1 Dose Pomodori pelati (400 g), gehackt, mit Saft
1 Rosmarinzweig
1 Lorbeerblatt
etwas Tomatenmark
etwas geriebene Schale 1 Bio-Zitrone
1 EL Petersilie, gehackt

Dieses Rezept stammt aus Sizilien, wo das Gemüse von ganz alleine wächst!

Seitanmedallions in einer Pfanne mit wenig erhitztem Olivenöl etwas trocknen, mit einem Holzlöffel sanft die Flüssigkeit herausdrücken und leicht anbraten. Wir stellen sie zur Seite und lassen sie etwas abkühlen. Erst dann wälzen wir sie in einer Mehl-Salz-Pfeffer-Mischung und braten sie in Olivenöl kross. Wieder herausnehmen und warmstellen.

Im Sud braten wir Soffritto und Peperoncino etwa 1 Minute lang an, fügen Butter und Knoblauch hinzu und braten alles 1 weitere Minute. Jetzt löschen wir mit Wein, Brühe und Tomaten ab, würzen nach und lassen alles kurz weiterköcheln.

Wenn die Sauce schön brutzelt, legen wir die Seitanscheiben sowie Rosmarin und Lorbeer hinein, die wir zugedeckt vor sich hin köcheln lassen. Bei Bedarf immer wieder mit einer Emulsion aus Tomatenmark und Wasser ablöschen. Nach 25 Minuten sollte die Sauce geschmeidig sein.

Wir mischen etwas frisch geriebene Zitronenschale (je nach Geschmack 1 bis 1 1/2 TL) und Petersilie darunter und lassen die Zutaten 10 weitere Minuten bedeckt köcheln.

Ich reiche gern frisches Weißbrot (z. B. Ciabatta oder Filoncino) in Scheiben dazu, das ist ideal zum Tunken, sowie in Butter kurz gebratenen Spinat oder Mangold. Aber jedes neutral zubereitete Gemüse der Saison passt sehr gut dazu.

Vorbereitungszeit ca. 1 Stunde

Vitello alla giardiniera
(Geschmortes Kalbsfleisch Gärtnerin-Art)

Zutaten für 4 Personen:

4 Kalbsbeinscheiben, je ca. 6 cm dick
etwas Mehl
Salz und Pfeffer aus der Mühle
Olivenöl
1 Portion Soffritto (s. Grundrezept S. 194)
1 trockener Peperoncino, zerbröselt (alternativ 1 Msp. Sambal Olek)
2 Knoblauchzehen, fein gehackt
1 Glas trockener Weißwein
1/3 l Gemüsebrühe (aus 1 Brühwürfel),
1 Dose Pomodori pelati (400 g), gehackt, mit Saft
1 Rosmarinzweig
1 Lorbeerblatt
etwas Tomatenmark
etwas abgeriebene Schale
1 Bio-Zitrone
1 EL Petersilie, gehackt

Zuerst waschen wir die Kalbsscheiben und tupfen sie trocken. Auf einem Teller in etwas Mehl mit Salz und Pfeffer wälzen und in einem Schmortopf in wenig Olivenöl goldbraun braten.

Fleisch herausnehmen und auf einem Teller zugedeckt ruhen lassen. Im Sud braten wir Soffritto und Peperoncino etwa 1 Minute lang an, fügen Knoblauch hinzu und braten alles 1 weitere Minute. Jetzt löschen wir mit Wein, Brühe und Tomaten ab, würzen nach und lassen alles kurz weiterköcheln.

Wenn die Sauce schön brutzelt, legen wir die Kalbsscheiben sowie Rosmarin und Lorbeer hinein, die wir zugedeckt vor sich hin köcheln lassen. Bei Bedarf immer wieder mit einer Emulsion aus Tomatenmark und Wasser ablöschen. Nach 45 Minuten sollten die Scheiben schön weich sein. Wir mischen etwas frisch abgeriebene Zitronenschale (je nach Geschmack 1 bis 1 1/2 TL) und Petersilie darunter und lassen die Zutaten 15 weitere Minuten bedeckt köcheln. Das Fleisch sollte jetzt butterweich sein!

Ich reiche gern frisches Weißbrot (z. B. Ciabatta oder Filoncino) in Scheiben dazu, das ist ideal zum Tunken, sowie in Butter kurz gebratenen Spinat oder Mangold. Aber jedes neutral zubereitete Gemüse der Saison passt sehr gut dazu.

Vorbereitungszeit ca. 1 Stunde 30 Minuten

Polpette di soja al sugo
(Sojabällchen in Tomatensauce)

Zutaten für 4 Personen:

150 ml Gemüsebrühe (aus 1 Brühwürfel)
50 g Sojagranulat
250 g frischer Tofu
2 Eier
5 gehäufte EL geriebener Parmesan
2 EL Paniermehl
2 EL Mehl
1 gehäufter EL gehackte Petersilie
1 1/2 TL Salz
2 TL Kräutersalz
Pfeffer und Muskatnuss aus der Mühle

Für die Sauce
2 Knoblauchzehen
1 Peperoncino
2 EL Olivenöl
500 g passierte Tomaten
10 Basilikumblätter

In der aufgekochten Brühe lassen wir das Sojagranulat ca. 20 Minuten quellen. Wir zerbröseln in einer Schüssel den Tofu und geben Eier, Parmesan, Paniermehl, Mehl, Petersilie, Salz, Kräutersalz, Pfeffer und Muskatnuss dazu. Gründlich kneten und das gequollene Sojagranulat, gut ausgedrückt, unterarbeiten, bis wir eine homogene Farce erhalten. In der zugedeckten Schüssel für mindestens 2 Stunden im Kühlschrank ziehen lassen.

In einer großen Pfanne halbierte Knoblauchzehen mit zerbröseltem Peperoncino in heißem Olivenöl goldbraun anbraten. Wir entfernen sie, bevor wir die passierten Tomaten in die Pfanne geben. Mit restlichem Salz und Pfeffer würzen, gut umrühren und 5 Minuten zugedeckt köcheln lassen.

Währenddessen mit feuchten Händen aus der Fleischfarce kleine Bällchen in Walnussgröße formen. Vorsichtig in die Pfanne mit der Tomatensauce geben. Durch sanft kreisende Pfannenbewegungen umrühren, damit die Bällchen nicht auseinanderfallen. Zugedeckt für ca. 15 Minuten auf kleiner Flamme köcheln lassen. Wir schmecken ab und fügen ganz zum Schluss die Basilikumblätter zu, die in sich zusammenfallen, aber nicht gekocht werden sollen.

Vorbereitungszeit ca. 1 Stunde plus 2 Stunden Zeit zum Durchziehen

Die Sojabällchenfarce können sie mehrere Stunden im Voraus zubereiten.

Polpette di carne al sugo

(Fleischbällchen in Tomatensauce)

Zutaten für 4 Personen:

*500 g mageres Rinderhack
2 Eier
5 gehäufte EL geriebener Parmesan
2 EL Paniermehl
2 EL Mehl
1 gehäufter EL gehackte Petersilie
1 1/2 TL Salz
Pfeffer und Muskatnuss aus der Mühle*

Für die Sauce
*2 Knoblauchzehen
1 Peperoncino
2 EL Olivenöl
500 g passierte Tomaten
10 Basilikumblätter*

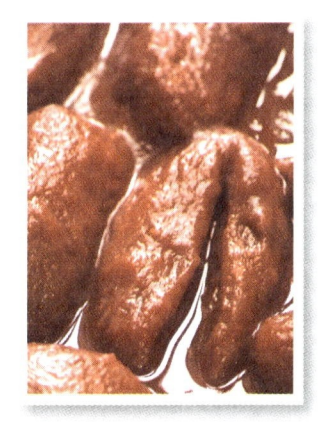

Fleisch, Eier, Parmesan, Paniermehl, Mehl, Petersilie sowie Salz in eine Schüssel geben und Pfeffer und Muskatnuss dazureiben. Das Ganze gründlich mit feuchten Händen kneten, bis wir eine gleichmäßige Farce erhalten. In der zugedeckten Schüssel eine Stunde im Kühlschrank ziehen lassen.

Kurz vor Ablauf der Zeit in einer großen Pfanne halbierte Knoblauchzehen mit zerbröseltem Peperoncino in heißem Olivenöl goldbraun anbraten. Wir entfernen sie, bevor wir die passierten Tomaten in die Pfanne geben. Mit restlichem Salz und Pfeffer würzen, gut umrühren und 5 Minuten zugedeckt köcheln lassen.

Währenddessen mit feuchten Händen aus der Fleischfarce kleine Bällchen in Walnussgröße formen. Vorsichtig in die Pfanne mit der Tomatensauce geben. Durch sanft kreisende Pfannenbewegungen umrühren, damit die Bällchen nicht auseinanderfallen. Zugedeckt für ca. 15 Minuten auf kleiner Flamme köcheln lassen. Wir schmecken ab und fügen ganz zum Schluss die Basilikumblätter zu, die in sich zusammenfallen, aber nicht gekocht werden sollen.

Vorbereitungszeit ca. 40 Minuten plus 1 Stunde Zeit zum Durchziehen

Dieses Rezept wird in ganz Italien zubereitet, sein Ursprung liegt aber in Süditalien, nämlich in Sizilien. Dort werden die Bällchen in rohem Zustand in die Sauce gelegt, wohingegen sie in Norditalien erst paniert und frittiert werden. Das ist natürlich kalorienreicher und etwas schwerer zu verdauen.

In Süditalien werden runde Bällchen geformt, wir zu Hause haben sie flach gedrückt.

Sie können das Gericht als Hauptgericht oder auch als Pastasauce genießen.

Stufato alla fiorentina
(Seitangulasch florentinische Art)

Zutaten für 4 Personen:

1 Handvoll getrocknete Mischpilze, nicht zu fein geschnitten
400–500 g Seitan (s. Grundrezept S. 178), in nicht zu kleine Stücke geschnitten
3 EL Mehl
3–4 EL Olivenöl
20 g Butter
1 Portion Soffritto (s. Grundrezept S. 194)
1 Glas trockener Rotwein
Salz und Pfeffer aus der Mühle
1 Lorbeerblatt
3 geschälte Tomaten, zerkleinert, mit etwas Saft (aus der Dose)
500 ml Brühe
5–6 Kartoffeln
2 Zucchini, gewürfelt

Pilze ca. 20 Minuten in wenig lauwarmem Wasser einweichen und später gut ausdrücken.

Seitan in einem heißen Topf ohne Fett trocknen und mit einem Holzlöffel sanft die Flüssigkeit ausdrücken. Von allen Seiten rösten, in Mehl wälzen und in Öl und Butter kross anbraten.

Soffritto gründlich unterrühren – sobald die Sofritto-Zwiebel leicht gebräunt ist, gießen wir Rotwein an und lassen ihn fast vollkommen verdampfen. Mit Salz und Pfeffer würzen, Lorbeerblatt sowie Tomaten mit dem Saft hinzufügen und wieder rühren. Wir gießen soviel Brühe auf, bis das Fleisch bedeckt ist. Temperatur höher stellen und Pilze dazugeben.

Temperatur wieder niedriger stellen und zugedeckt ca. 20 Minuten köcheln lassen. Nach Bedarf gießen wir währenddessen Brühe nach und schmecken mit Salz und Pfeffer ab.

In der Zwischenzeit würfeln wir die Kartoffeln (und wer mag auch die Zucchini) nicht zu klein und geben sie zum gegarten Fleisch. Ggf. wieder etwas Brühe angießen und 20 Minuten im zugedeckten Topf weitergaren. Sollte der Gulasch nach dieser Zeit noch sehr flüssig wirken, nehmen wir den Deckel ab und lassen auf größerer Flamme etwas Flüssigkeit verdampfen.

Vorbereitungszeit ca. 1 Stunde

Stufato alla fiorentina
(Rindergulasch florentinische Art)

Zutaten für 4 Personen:

1 Handvoll getrocknete Mischpilze, nicht zu fein geschnitten
500 g Rindergulasch
3 EL Mehl
3–4 EL Olivenöl
20 g Butter
1 Portion Soffritto
(s. Grundrezept S. 194)
1 Glas trockener Rotwein
Salz und Pfeffer aus der Mühle
1 Lorbeerblatt
3 geschälte Tomaten, zerkleinert, mit etwas Saft (aus der Dose)
500 ml Brühe
5–6 Kartoffeln
2 Zucchini, gewürfelt

Pilze ca. 20 Minuten in wenig lauwarmem Wasser einweichen und später gut ausdrücken.

Fleisch in Mehl wälzen und in einem Antihafttopf in Öl und Butter braten, bis es schön gebräunt ist.

Soffritto gründlich unterrühren – sobald die Sofritto-Zwiebel leicht gebräunt ist, gießen wir Rotwein an und lassen ihn fast vollkommen verdampfen. Mit Salz und Pfeffer würzen, Lorbeerblatt sowie Tomaten mit dem Saft hinzufügen und wieder rühren. Wir gießen soviel Brühe auf, bis das Fleisch bedeckt ist. Temperatur höher stellen und Pilze dazugeben.

Temperatur wieder niedriger stellen und zugedeckt ca. 45 Minuten köcheln lassen. Nach Bedarf gießen wir währenddessen Brühe nach und schmecken mit Salz und Pfeffer ab.

In der Zwischenzeit würfeln wir die Kartoffeln (und wer mag auch die Zucchini) nicht zu klein und geben sie zum gegarten Fleisch. Ggf. wieder etwas Brühe angießen und 20 Minuten im zugedeckten Topf weitergaren. Sollte der Gulasch nach dieser Zeit noch sehr flüssig wirken, nehmen wir den Deckel ab und lassen auf größerer Flamme etwas Flüssigkeit verdampfen.

Vorbereitungszeit ca. 1 Stunde 30 Minuten

Fleisch | 115

Seitan alla veneziana
(Seitan alla veneziana)

Zutaten für 4 Personen:

25 g getrocknete Steinpilze
800–1000 g marinierter Seitan (s. Grundrezept S. 178)
70 g Butter
2 EL Olivenöl
1 Portion Sofritto
1 Knoblauchzehe
3 EL gehackte Petersilie
300–400 ml trockener Weißwein
Salz und Pfeffer aus der Mühle

Pilze in wenig lauwarmem Wasser etwa 20 Minuten einweichen.
Wir schneiden den Seitan in so große Stücke, dass 4–5 davon pro Person entstehen. In einer heißen Pfanne von allen Seiten leicht trocknen, indem wir ihn mit einem Holzlöffel sanft andrücken.
Butter und Öl in einen Bräter – am besten aus Ton – geben und Sofritto, Knoblauchzehe und Petersilie darin anbraten, bis alles leicht gebräunt ist. Dann schmoren wir die Seitanstücke darin an; den Wein angießen. Sobald der Wein verdampft ist, die ausgedrückten Pilze zum Seitan geben und mit Salz und Pfeffer würzen.
Jetzt gießen wir 2 Kellen warmes Wasser in den Bräter und garen alles zugedeckt auf sehr kleiner Flamme ca. 30 Minuten weiter, bis das Gemüse gegart ist. Direkt im Bräter servieren.
Dazu reiche ich gern einen frischen Endiviensalat, dessen leicht bitterer Geschmack sich von der Süße des Gerichts gut abhebt.
Im Ofen gebackene Kartoffelscheiben passen auch hervorragend dazu!

Vorbereitungszeit ca. 1 Stunde

Agnello alla veneziana
(Lamm aus dem Veneto)

Zutaten für 4 Personen:

25 g getrocknete Steinpilze
1 kg Lammfleisch aus Schulter oder Schenkel
70 g Schweineschmalz
2 EL Olivenöl
1 Portion Sofritto
1 Knoblauchzehe
3 EL gehackte Petersilie
300–400 ml trockener Weißwein
Salz und Pfeffer aus der Mühle

Pilze in wenig lauwarmem Wasser etwa 20 Minuten einweichen.
Wir schneiden das Fleisch in so große Stücke, dass 4–5 davon pro Person entstehen. Schmalz und Öl in einen Bräter – am besten aus Ton – geben und Sofritto, Knoblauchzehe und Petersilie darin anbraten, bis alles leicht gebräunt ist. Dann schmoren wir die Fleischstücke darin an; die Hälfte des Weins angießen.

Sobald der Wein verdampft ist, die ausgedrückten Pilze zum Fleisch geben und mit Salz und Pfeffer würzen.
Jetzt gießen wir 2 Kellen warmes Wasser in den Bräter und garen alles zugedeckt auf sehr kleiner Flamme ca. 1 Stunde 30 Minuten weiter.
Ist das Fleisch richtig weich geworden, erhöhen wir die Temperatur. Die zweite Hälfte des Weins zum Gericht geben und verdampfen lassen und direkt im Bräter servieren. Dazu reiche ich gern einen frischen Endiviensalat, dessen leicht bitterer Geschmack sich von der Süße des Gerichts gut abhebt.
Im Ofen gebackene Kartoffelscheiben passen auch hervorragend dazu!

Vorbereitungszeit
ca. 2 Stunden

Dieses traditionelle Gericht aus der Region Veneto sah ursprünglich Hammelfleisch als Hauptzutat vor, es wird mittlerweile aber lieber mit Lammfleisch zubereitet.

Fleisch | 117

Petti di seitan tartufati

(Seitanfilets in Trüffelsauce)

Zutaten für 4 Personen:

*4–8 Seitanfilets
(s. Grundrezept S. 178)
Mehl
Salz
Butter zum Anbraten
1 Glas trockener Weißwein oder Prosecco
250 g Kochsahne
1 EL Trüffelpaté
Trüffelöl
1 kleiner schwarzer Trüffel*

Wir wälzen die Seitanfilets in Mehl und Salz. Dann braten wir sie kurz beidseitig in Butter an. Wein angießen und vollkommen verdampfen lassen. Wir gießen die mit Trüffelpaté verrührte Sahne darüber und lassen das Ganze kurz andicken, eventuell mit Salz abschmecken.
Die Filets etwa 7 Minuten köcheln lassen, bevor wir sie auf eine vorgewärmte Platte legen. Wir beträufeln sie mit etwas Trüffelöl, bevor wir den frischen Trüffel darüber hobeln.
Dazu passt ein einfacher Risotto, der mit einem Stück Butter und Salzwasser gekocht wird und kurz in Butter geschwenkter frischer Spinat.

*Vorbereitungszeit
ca. 20 Minuten*

Petti di pollo tartufati
(Hähnchenbrustfilets in Trüffelsauce)

Zutaten für 4 Personen:

600 g Hähnchenbrustfilets
Mehl
Salz
Butter zum Anbraten
1 Glas trockener Weißwein oder Prosecco
250 g Kochsahne
1 EL Trüffelpaté
Trüffelöl
1 kleiner schwarzer Trüffel

Wir wälzen die Hähnchenbrustfilets in Mehl und Salz. Dann braten wir sie kurz beidseitig in Butter an. Wein angießen und vollkommen verdampfen lassen. Wir gießen die mit Trüffelpaté verrührte Sahne darüber und lassen das Ganze kurz andicken, eventuell mit Salz abschmecken. Nach ca. 20 Minuten sind die Filets gar. Wir legen sie auf eine vorgewärmte Platte und beträufeln sie mit etwas Trüffelöl, bevor wir den frischen Trüffel darüber hobeln.

Dazu passt ein einfacher Risotto, der mit einem Stück Butter und Salzwasser gekocht wird und kurz in Butter geschwenkter frischer Spinat.

Vorbereitungszeit
ca. 30 Minuten

Ich habe dieses Gericht verschlungen, als ich bei einer Freundin in der Nähe von Turin zu Besuch war. Immerhin ist die Region Piemont mit ihrer Stadt Alba weltbekannt für die besten Trüffel.

Fleisch

Seitan ai peperoni
(Seitanfilets mit Paprika)

Zutaten für 4 Personen:

1 EL Mehl
Salz und Pfeffer aus der Mühle
4 Seitansteaks oder -scheiben aus einem großen Stück
(s. Grundrezept S. 178)
Olivenöl zum Anbraten
5–6 Knoblauchzehen, gehackt
1 kleiner trockener Peperoncino, zerbröselt
2 EL Petersilie, gehackt
3 Paprika in verschiedenen Farben, in dünne Streifen geschnitten
1 Dose Pomodori pelati, zerkleinert, mit Flüssigkeit
1/2 Glas trockener Weißwein

Wir mischen Mehl, Salz und Pfeffer und wälzen die Seitanfilets darin, bevor wir sie in einer Antihaftpfanne in heißem Öl leicht knusprig anbraten. Herausnehmen und warm stellen.

Nun gießen wir noch ein wenig Öl in die Pfanne und braten Knoblauch, Peperoncino und die Hälfte der Petersilie kurz an. Paprika hinzufügen und weitere 5 Minuten braten.

Pomodori pelati mit der Hälfte der Flüssigkeit sowie den Wein zufügen und mit Salz und Pfeffer abschmecken.

Auf kleiner Flamme etwa 20 Minuten köcheln lassen, mit dem Seitan weitere 5 Minuten zugedeckt köcheln lassen. Die Sauce sollte weder zu flüssig noch zu dick oder trocken sein, deswegen können wir bei Bedarf ein paar Löffel Tomatenflüssigkeit ergänzen. Wir streuen die restliche Petersilie über die Sauce, sie soll darin 5 Minuten ziehen – und schon gibt es eine wunderbare Mahlzeit!

Vorbereitungszeit ca. 50 Minuten

Ein wunderbares Sommergericht mit Paprika aus unserem Gemüsegarten!

Petti di pollo ai peperoni
(Hähnchenbrustfilets mit Paprika)

Zutaten für 4 Personen:

1 EL Mehl
Salz und Pfeffer aus der Mühle
2 ganze Hähnchenbrüste, in 4 Filets geteilt
Olivenöl zum Anbraten
5–6 Knoblauchzehen, gehackt
1 kleiner trockener Peperoncino, zerbröselt
2 EL Petersilie, gehackt
3 Paprika in verschiedenen Farben, in dünne Streifen geschnitten
1 Dose Pomodori pelati, zerkleinert, mit Flüssigkeit
1/2 Glas trockener Weißwein

Wir mischen Mehl, Salz und Pfeffer und wälzen die Hähnchenbrustfilets darin, bevor wir sie in einer Antihaftpfanne in heißem Öl leicht knusprig anbraten. Herausnehmen und warm stellen.

Nun gießen wir noch ein wenig Öl in die Pfanne und braten Knoblauch, Peperoncino und die Hälfte der Petersilie kurz an. Paprika hinzufügen und weitere 5 Minuten braten.

Pomodori pelati mit der Hälfte der Flüssigkeit sowie den Wein zufügen und mit Salz und Pfeffer abschmecken. Die Filets in der aufgekochten Sauce ca. 30 Minuten zugedeckt köcheln lassen. Die Sauce sollte weder zu flüssig noch zu dick oder trocken sein, deswegen können wir bei Bedarf ein paar Löffel Tomatenflüssigkeit ergänzen.

Wir streuen die restliche Petersilie über die Sauce, sie soll darin 5 Minuten ziehen. Wieder zudecken, fertig!

Vorbereitungszeit ca. 50 Minuten

Zu den Hähnchenbrustfilets gab es zu Hause lauwarmen Kartoffelsalat aus Pellkartoffeln mit gehackter Petersilie, Knoblauch, Salz, Pfeffer und Olivenöl.

Fleisch

Seitan cartoccio con Brandy

(Seitanfilet mit Brandy)

Zutaten für 4 Personen:

30 g trockene Mischpilze
500–600 g Seitan,
in 4 Scheiben oder als
fertige Steaks
(s. Grundrezept S. 178)
100 g Butter
2 Salbeiblätter
2 EL Mehl (50 g)
2 EL Brandy
500 ml Gemüsebrühe
(aus 1 Würfel)
Salz und Pfeffer aus
der Mühle
50 g frischer, marinierter
Tofu (s. Grundrezept
S. 183), zerbröselt
100 g marinierter,
gebratener Tempeh
(s. Grundrezept S. 183),
gehackt
150 ml trockener
Weißwein

Ich heize den Ofen auf 200 °C vor.
Pilze in lauwarmem Wasser einweichen.
Wir rösten die gut ausgedrückten Seitansteaks in einer heißen Pfanne etwas knusprig, herausnehmen und beiseite stellen. Butter und Salbeiblätter in der Pfanne brutzeln, währenddessen wälzen wir den Seitan leicht in Mehl und legen ihn auch wieder in die Pfanne.
Wir träufeln Brandy darüber und gießen, sobald er verdampft ist, wenig Brühe an. Ca. 10 Minuten auf mittlerer bis kleiner Flamme köcheln lassen, dabei immer wieder mit etwas Brühe übergießen. Mit Salz und Pfeffer würzen.
Während die restliche Butter in einer zweiten Pfanne schmilzt, drücke ich die Pilze aus, hacke sie grob und brate sie kurz an.
Den zerbröselten Tofu nehme ich aus der Marinade und gebe ihn gut abgetropft in die Pfanne, auch er soll schön bräunlich werden, bevor wir auch den Tempeh dazugeben und richtig kross anbraten. Immer wieder gründlich mischen und nach etwa 10 Minuten mit Salz und Pfeffer abschmecken. Wir löschen mit Weißwein ab, lassen ihn fast komplett verdampfen und nehmen die Pfanne vom Feuer. Ich schneide 4 große rechteckige Alublätter zurecht und lege auf jedes ein Filet. Wir bedecken es mit jeweils 1/4 der Pilz-Tofu-Mischung und dem Rest Sud. Die geschlossenen Alupäckchen für ca. 15 Minuten in den Ofen schieben. Entweder richte ich die geöffneten Päckchen jeweils auf einem Teller an oder ich nehme das Gericht komplett aus der Folie.
Dazu passt leicht in Butter angedünstetes Gemüse – ich mag z. B. geschmorte Cherrytomaten – und ein leichtes Kartoffelpüree oder lockere Polenta. Ein wunderbarer Wein für dieses Gericht ist ein Barbera aus dem Piemont. Wem dieser Wein zu kräftig schmeckt, kann auf einen leichteren Valpolicella aus dem Veneto zurückgreifen.

Vorbereitungszeit
ca. 30 Minuten plus
mindestens 12 Stunden
Marinierzeit für Tofu und
20 Minuten für Tempeh

Petti di pollo cartoccio con Brandy
(Hühnerbrustfilets mit Brandy)

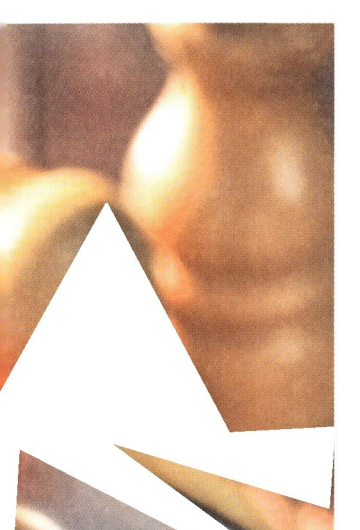

Zutaten für 4 Personen:

*30 g trockene Mischpilze
4 Hühnerbrustfilets
à 150 g
2 EL Mehl (50 g)
100 g Butter
2 Salbeiblätter
2 EL Brandy
1/3 l Gemüsebrühe
(aus etwa 3/4 Würfel)
Salz und Pfeffer aus
der Mühle
Prosciutto cotto (oder ein
nicht zu salziger Koch-
schinken), grob gehackt
200 g Hühnerleber, grob
gehackt*

Ich heize den Ofen auf 200 °C vor.
Dann weiche ich die Pilze in wenig lauwarmem Wasser ein.
Filets waschen, trocknen und leicht in Mehl wälzen. Ich lasse sie in einer Antihaftpfanne in der Hälfte der Butter mit den Salbeiblättern schmoren.
Wir träufeln Brandy darüber und gießen, sobald er verdampft ist, wenig Brühe an. Ca. 15 Minuten auf mittlerer bis kleiner Flamme köcheln lassen, dabei immer wieder mit etwas Brühe übergießen. Mit Salz und Pfeffer würzen.
Während die restliche Butter in einer zweiten Pfanne schmilzt, drücke ich die Pilze aus, hacke sie grob und brate sie kurz an. Schinken und Hühnerleber dazugeben und alles ca. 15 Minuten leise köcheln lassen. Auch hier geben wir immer wieder etwas Brühe zu und würzen mit Salz und Pfeffer.

Ich schneide 4 große rechteckige Alublätter zurecht und lege auf jedes ein Filet. Wir bedecken es mit jeweils 1/4 der Schinken-Leber-Mischung und dem Rest Sud. Die geschlossenen Alupäckchen für ca. 15 Minuten in den Ofen schieben. Entweder richte ich die geöffneten Päckchen jeweils auf einem Teller an oder ich nehme das Gericht komplett aus der Folie.
Dazu passt leicht in Butter angedünstetes Gemüse – ich mag z. B. geschmorte Cherrytomaten – und ein leichtes Kartoffelpüree oder lockere Polenta. Ein wunderbarer Wein für dieses Gericht ist ein Barbera aus dem Piemont. Wem dieser Wein zu kräftig schmeckt, kann auf einen leichteren Valpolicella aus dem Veneto zurückgreifen.

*Vorbereitungszeit
ca. 40 Minuten*

Salbei gehört zu meinen Lieblingskräutern. Den Duft, der sich aus einem einzigen Blatt entfaltet, empfinde ich nicht nur als magisch, sondern sogar als heilsam. Ein altes Sprichwort besagt: Warum soll ein Mensch erkranken, wenn Salbei in seinem Garten wächst? Ich ergänze: Warum ertränken Menschen ihre Gerichte in merkwürdigen Saucen, wenn es mittlerweile in jedem Gemüsegeschäft Salbei zu kaufen gibt?

Seitan in umido (Geschmorter Seitan)

Zutaten für 4–5 Personen:

1 Handvoll getrocknete Mischpilze (alternativ 8–10 frische Pilze guter Qualität)
ca. 600 g marinierter Seitan in Stücken
(s. Grundrezept S. 178)
Olivenöl
2–3 Knoblauchzehen, zerdrückt
1 Peperoncino, zerdrückt
Salz und Pfeffer aus der Mühle
Muskatnuss
1/2 Glas trockener Rotwein
1 Dose Pomodori pelati (400 g), zerkleinert und mit Flüssigkeit
etwas Gemüsebrühe
15–20 schwarze Oliven

Wir weichen die Pilze in wenig lauwarmem Wasser für ca. 20 Minuten ein, bis sie richtig weich sind. Ich backe die Seitanstücke vor, damit sie richtig kross werden, bevor sie in die Pfanne kommen: Wir heizen den Ofen auf 180 °C vor, legen die leicht ausgedrückten Seitanstücke auf ein eingefettetes Backblech, bepinseln sie leicht mit Öl und backen sie in ca. 10–15 Minuten kross. In einem Schmortopf erhitzen wir etwas Olivenöl und braten Knoblauchzehen und Peperoncino darin schön kross. Dann nehmen wir sie heraus und geben die abgetropften Pilze dazu, mit Salz, Pfeffer und Muskatnuss würzen. Auf großer Flamme mit Wein ablöschen und verdampfen lassen. Wir geben die Pomodori pelati ebenfalls dazu. Gründlich mischen, noch einmal abschmecken und zugedeckt auf kleiner Flamme ca. 20 Minuten köcheln.

Die Sauce sollte nicht zu trocken, aber auch nicht zu wässrig sein, ggf. etwas Brühe ergänzen.

Erst kurz vor Ende der Garzeit fügen wir auch die abgetropften Oliven und den Seitan zu. Schwarze Oliven werden bitter, wenn sie zu lange gekocht werden – höchstens 5–7 Minuten mitkochen!

Für den Seitan reicht die Zeit, um die Aromen der Sauce aufzunehmen. Wenn ich dieses Gericht im Herbst oder Winter zubereite, serviere ich eine dampfende, ziemlich flüssige Polenta dazu, sie wärmt von innen! Sonst passt wie so oft ein frisches Filoncino oder Ciabatta.

Vorbereitungszeit ca. 40 Minuten

Coniglio in umido di mia mamma
(Geschmorter Hase nach Art meiner Mutter)

Zutaten für 4–5 Personen:

1 Handvoll getrocknete Mischpilze (alternativ 8–10 frische Pilze guter Qualität)
1 küchenfertiger Hase, zerteilt
Olivenöl
1/2 Glas trockener Rotwein
2–3 Knoblauchzehen, zerdrückt
1 Peperoncino, zerdrückt
Salz und Pfeffer aus der Mühle
Muskatnuss
1 Dose Pomodori pelati (400 g), zerkleinert und mit Flüssigkeit
etwas Gemüsebrühe
15–20 schwarze Oliven

Wir weichen die Pilze in wenig lauwarmem Wasser für ca. 20 Minuten ein, bis sie richtig weich sind. Hasenfleisch abspülen und trocken tupfen.

In einem Schmortopf erhitzen wir etwas Olivenöl. Darin das Fleisch von allen Seiten kross braten, Rotwein zugeben und verdampfen lassen. Fleisch herausnehmen, noch etwas Olivenöl hinzufügen und Knoblauchzehen und Peperoncino darin schön kross braten. Dann nehmen wir sie heraus und legen das Fleisch wieder in die Pfanne. Die abgetropften Pilze dazugeben, mit Salz, Pfeffer und Muskatnuss würzen. Auf hoher Flamme mit Wein ablöschen und verdampfen lassen. Wir geben die Pomodori pelati zum Fleisch. Gründlich mischen, noch einmal abschmecken und zugedeckt auf kleiner Flamme ca. 1 Stunde köcheln.

Die Sauce sollte nicht zu trocken, aber auch nicht zu wässrig sein, ggf. etwas Brühe ergänzen.

Erst kurz vor Ende der Garzeit fügen wir auch die abgetropften Oliven zu, denn schwarze Oliven werden bitter, wenn sie zu lange gekocht werden – höchstens 5–7 Minuten mitkochen!

Bereite ich dieses Gericht im Herbst oder Winter zu, serviere ich eine dampfende, ziemlich flüssige Polenta dazu, sie wärmt von innen! Sonst passt wie so oft ein frisches Filoncino oder Ciabatta.

Vorbereitungszeit ca. 1 Stunde 30 Minuten

Meine Mutter mariniert das Hasenfleisch in einer Weißwein-Wasserlösung für eine Nacht, um den Wildgeschmack zu mildern. Das Fleisch kann auch in einer Essig-Wasserlösung für zwei Stunden marinieren – ich finde aber, der Essig wirkt zu stark. Möge jeder ausprobieren, was er besser findet!

Spezzatino al limone
(Seitangulasch in Zitronensauce)

Zutaten für 4 Personen:

*500 g marinierter Seitan, ausgedrückt und in mundgerechte Stücke geschnitten
(s. Grundrezept S. 178)
Olivenöl
60 g Räuchertofu, klein gewürfelt
1 mittelgroße Zwiebel, fein gehackt
2 Knoblauchzehen, zerdrückt
Salz und Pfeffer aus der Mühle
1/2 Bio-Zitrone (Saft und abgeriebene Schale)
1 Prise Zucker
125 ml Brühe
(aus 1/2 Brühwürfel)
1 EL Mehl
2 EL gehackte Petersilie*

Wir lassen den Seitan in einer heißen Pfanne etwas trocknen, dabei sanft mit einem Holzlöffel Flüssigkeit herausdrücken und von allen Seiten leicht kross braten. Etwas Seitansud beiseite stellen. Seitan aus der Pfanne nehmen. In der Pfanne Olivenöl erhitzen und darin Seitan sowie Räuchertofu schön kross braten. Beides herausnehmen und zugedeckt zur Seite stellen.

Zwiebel und Knoblauch in etwas Seitansud in die Pfanne geben und auf kleiner Flamme ca. 5 Minuten schmoren.
Jetzt geben wir Seitan und Tofu wieder in die Pfanne und würzen mit Salz und Pfeffer. Mit Zucker verrührten Zitronensaft und Brühe angießen, halb zugedeckt für ca. 20 Minuten köcheln lassen. Zwischendurch rühren wir um und gießen ggf. etwas Brühe nach.

Gegen Ende der Garzeit nehmen wir den Seitan wieder aus der Pfanne und legen ihn auf einen vorgewärmten Servierteller. Sud mit Mehl binden, Petersilie und 1/2 TL geriebene Zitronenschale darüber streuen und das Ganze etwas andicken lassen. Ist die Sauce schön cremig, gießen wir sie über den Gulasch und servieren sofort.
Im Sommer biete ich dazu gern einen frischen gemischten Salat an, er passt sehr gut zum leichten Zitronengeschmack. In der kalten Jahreszeit reiche ich lieber gedünstetes Gemüse wie Broccoli dazu, der gedämpft und kurz in Olivenöl und Knoblauch angebraten wurde.
Ein mit gehackter Petersilie und Olivenöl angemachter Kartoffelsalat schmeckt ebenso zu diesem Gericht.

Vorbereitungszeit ca. 40 Minuten

Spezzatino al limone
(Putengulasch in Zitronensauce)

Zutaten für 4 Personen:

500 g Putenbrust, in mundgerechte Stücke geschnitten
50 g Rauchspeck, klein gewürfelt
Olivenöl
1 mittelgroße Zwiebel, fein gehackt
2 Knoblauchzehen, zerdrückt
Salz und Pfeffer aus der Mühle
1/2 Bio-Zitrone (Saft und abgeriebene Schale)
1 Prise Zucker
250 ml Brühe (aus 1/2 Brühwürfel)
1 EL Mehl
2 EL gehackte Petersilie

Wir braten in einer Antihaftpfanne das Fleisch mit dem Speck in Olivenöl, bis es schön gebräunt ist. Fleisch aus der Pfanne nehmen und zugedeckt zur Seite stellen.

Zwiebel und Knoblauch im Pfannensud auf kleiner Flamme ca. 5 Minuten schmoren.

Jetzt geben wir das Fleisch wieder in die Pfanne und würzen mit Salz und Pfeffer. Mit Zucker verrührten Zitronensaft und Brühe angießen, halb zugedeckt für ca. 40 Minuten köcheln lassen. Zwischendurch rühren wir um und gießen ggf. etwas Brühe nach.

Gegen Ende der Garzeit nehmen wir das Fleisch wieder aus der Pfanne und legen es auf einen vorgewärmten Servierteller. Bratensaft mit Mehl binden, Petersilie und 1/2 TL geriebene Zitronenschale darüber streuen und das Ganze etwas andicken lassen. Ist die Sauce schön cremig, gießen wir sie über den Gulasch und servieren sofort.

Im Sommer biete ich dazu gern einen frischen gemischten Salat an, er passt sehr gut zum leichten Zitronengeschmack des Fleisches. In der kalten Jahreszeit reiche ich lieber gedünstetes Gemüse wie Broccoli dazu, der gedämpft und kurz in Olivenöl und Knoblauch angebraten wurde.

Ein mit gehackter Petersilie und Olivenöl angemachter Kartoffelsalat schmeckt ebenso zu diesem Gericht.

Vorbereitungszeit ca. 1 Stunde

Dieses Rezept stammt aus Treviso in der Region Veneto.

Spezzatino alla boscaiola
(Seitangulasch nach Jägerart)

Zutaten für 4 Personen:

1 Bund Kräuter mit Petersilie, 1 Lorbeerblatt, 1 Thymianzweig, einigen Sellerieblättern
600 g. Seitan in Stücken (s. Grundrezept S. 178)
etwas Mehl
50 g Butter
1/2 Glas trockener Weißwein
6 zerstoßene Wacholderbeeren
1 gehackte Schalotte
Salz und Pfeffer aus der Mühle
250 g Steinpilze (alternativ getrocknete Mischpilze)
50 g marinierter, vorgebratener Tempeh (s. Grundrezept S. 183) in schmalen Streifen
2 EL gehackte Petersilie

Wir waschen und tupfen die Kräuter trocken und binden sie zusammen.
Seitan in einer trockenen Pfanne vorrösten, etwas Seitanmarinade beiseite stellen.
Dann lassen wir die Hälfte der Butter in einem schweren Topf schmelzen. Währenddessen wälzen wir die Seitanstücke in wenig Mehl und lassen sie einige Minuten in der Butter anbraten. Wein angießen, vollkommen verdampfen lassen und einen Schuss Seitanmarinade dazugeben.
Jetzt Wacholderbeeren, gehackte Schalotte und das Kräutersträußchen dazugeben, mit Salz und Pfeffer würzen und ca. 15 Minuten zugedeckt köcheln lassen.
Wir putzen die Pilze und schneiden sie in dünne Scheiben (oder weichen die Trockenpilze in wenig lauwarmem Wasser ein). Pilze mit der restlichen Butter in einer Pfanne einige Minuten braten. Dann geben wir die Tempehstreifen dazu und lassen alles weitere 5 Minuten brutzeln.
Wir geben die Pilzmischung in den Topf und lassen das Ganze 10 Minuten kochen, nachdem wir die Kräuter entfernt haben.
Ich serviere auf einem vorgewärmten Teller, dazu passen eine weiche Polenta und kurz in Butter angebratener Spinat oder Mangold.

Vorbereitungszeit ca. 1 Stunden

Spezzatino alla boscaiola
(Kalbsgulasch nach Jägerart)

Verwenden wir getrocknete Pilze, weichen wir sie für ca. 20 Minuten in lauwarmem Wasser ein, später gut ausdrücken.

Wir waschen und tupfen die Kräuter trocken und binden sie zusammen. Das Fleisch ebenfalls trocken tupfen.

Dann lassen wir die Hälfte der Butter in einem schweren Topf schmelzen. Währenddessen wälzen wir die Fleischstücke in wenig Mehl und lassen sie einige Minuten in der Butter anbraten. Wein angießen, vollkommen verdampfen lassen und Wasser auffüllen, bis das Fleisch fast bedeckt ist.

Jetzt Wacholderbeeren, gehackte Schalotte und das Kräutersträußchen dazu geben, mit Salz und Pfeffer würzen und ca. 45 Minuten zugedeckt köcheln lassen.

Wir putzen die Pilze und schneiden sie in dünne Scheiben (oder weichen die Trockenpilze in wenig lauwarmem Wasser ein). Pilze mit der restlichen Butter in einer Pfanne einige Minuten braten. Dann geben wir die Pancettastreifen dazu und lassen das Ganze 5 Minuten brutzeln. Ist das Fleisch zart und gar, geben wir die Pilzmischung dazu und lassen den Gulasch weitere 10 Minuten kochen, nachdem wir die Kräuter entfernt haben.

Ich serviere auf einem vorgewärmten Teller, dazu passen eine weiche Polenta und kurz in Butter angebratener Spinat oder Mangold.

Vorbereitungszeit ca. 1 Stunde 30 Minuten

Zutaten für 4 Personen:

1 Bund Kräuter mit Petersilie, 1 Lorbeerblatt, 1 Thymianzweig, einigen Sellerieblättern
600 g Kalbsgulasch
50 g Butter
etwas Mehl
1/2 Glas trockener Weißwein
6 zerstoßene Wacholderbeeren
1 gehackte Schalotte
Salz und Pfeffer aus der Mühle
250 g Steinpilze (alternativ getrocknete Mischpilze)
50 g Pancetta (alternativ Bauchspeck) in schmalen Streifen
2 EL gehackte Petersilie

Bistecchine di seitan impanate

(Panierte Seitanschnitzel)

Zutaten für 4 Personen:

etwas Mehl zum Panieren
1 Ei
Salz, Pfeffer und Muskatnuss aus der Mühle
2 Handvoll Paniermehl
4 dünne Seitansteaks
(s. Grundrezept S. 178)
Butter zum Braten
einige Zitronenscheiben

Wir verteilen das Mehl auf einem flachen Teller. Ei in einem tiefen Teller mit einer guten Prise Salz und einigen „Drehungen" aus Pfeffer- und Muskatmühle verquirlen. Paniermehl auf einen zweiten flachen Teller streuen. Neben diese drei Teller noch einen leeren flachen Teller für die panierten Schnitzel stellen.

Den Seitansteaks in einer heißen Pfanne vorsichtig die Sudflüssigkeit ausdrücken, bis sie recht trocken sind. Schnitzel nacheinander erst in wenig Mehl wälzen, in Ei tauchen und beidseitig vorsichtig fest in Paniermehl drücken.

In einer großen Pfanne Butter schmelzen. Die Schnitzel darin auf beiden Seiten langsam goldbraun anbraten, jede Seite für etwa 5–7 Minuten.

Sehr heiß mit Zitronenscheiben servieren. Wir Kinder liebten dazu selbst gebratene Kartoffelecken und grünen Salat.

Vorbereitungszeit
ca. 20 Minuten

Bistecchine di vitello impanate
(Panierte Kalbsschnitzel)

Zutaten für 4 Personen:

*etwas Mehl zum Panieren
1 Ei
Salz, Pfeffer und Muskatnuss aus der Mühle
2 Handvoll Paniermehl
4 dünne Kalbs- oder Putenschnitzel
Butter zum Braten
einige Zitronenscheiben*

Wir verteilen das Mehl auf einem flachen Teller. Ei in einem tiefen Teller mit einer guten Prise Salz und einigen „Drehungen" aus Pfeffer- und Muskatmühle verquirlen. Paniermehl auf einen zweiten flachen Teller streuen. Neben diese drei Teller noch einen leeren flachen Teller für die panierten Schnitzel stellen.

Die Schnitzel klopfen wir etwas mit der flachen Seite eines Fleischmessers und tupfen sie mit Küchenpapier schön trocken. Schnitzel nacheinander erst in wenig Mehl wälzen, in Ei tauchen und beidseitig vorsichtig fest in Paniermehl drücken.
In einer großen Pfanne Butter schmelzen. Die Schnitzel darin auf beiden Seiten langsam goldbraun anbraten, jede Seite für etwa 5–7 Minuten. Sehr heiß mit Zitronenscheiben servieren. Wir Kinder liebten dazu selbst gebratene Kartoffelecken und grünen Salat.

Vorbereitungszeit ca. 20 Minuten

Dieses Rezept ist die „knochenfreie" Version der „Cotoletta alla milanese". Wir nehmen kleine Steaks oder Schnitzel statt der Koteletts und bearbeiten sie nach Mailänder Originalrezept. Wer lieber das klassische Kotelett zubereiten möchte – bitte schön! Meine Mutter nahm gern statt des Kalbsfleisches Putenbrust zur Hand, das schmeckt auch sehr delikat.

Fricassea di seitan

(Seitanfrikassee)

Zutaten für 4 Personen:

*500–600 g Seitan
(s. Grundrezept S. 178)
1 gestrichener EL Mehl
50 g Butter
2 ml warmes Wasser
1 Sträußchen aus:
1 Zwiebel und 1 Mohrrübe
in dünnen Streifen,
einige Petersilien- und
Basilikumstängel,
1 Selleriestaude
(m. E. der Vorreiter
unserer fertigen
Gemüsebrühe)
Salz und weißer Pfeffer
aus der Mühle
2 Eigelb
Saft 1/2 Zitrone*

Seitan in mundgerechte Stücke schneiden und in einer trockenen Pfanne kross rösten.

In einem Topf aus Mehl und der Hälfte der Butter eine Mehlschwitze herstellen. Auf kleiner Flamme solange mit einem Holzlöffel rühren, bis sie goldbraun wird. Wir fügen jetzt nach und nach warmes Wasser zu und tauchen das Gemüsesträußchen ein. Sobald es kocht, geben wir die restliche Butter und den Seitan dazu. Wir würzen mit Salz und Pfeffer.

Einige Zeit gründlich rühren und mit Alufolie und Topfdeckel abgedeckt auf kleiner Flamme ca. 20 Minuten köcheln lassen. Dabei ab und an umrühren.

In der Zwischenzeit verrühren wir Eigelb mit Zitronensaft. Nach 1 Stunde nehmen wir den Topf vom Feuer und entfernen das Kräutersträußchen. Die Eigelb-Zitronen-Emulsion schnell und gleichmäßig unterrühren, damit die Sauce schön cremig wird. Auf einer vorgewärmten Platte sofort servieren.

*Vorbereitungszeit
ca. 35 Minuten*

Fricassea di vitello di Artusi
(Kalbsfrikassee nach Artusi-Art)

Fleisch in mundgerechte Stücke schneiden, die Knochen werden mitgegart.

In einem Topf aus Mehl und der Hälfte der Butter eine Mehlschwitze herstellen. Auf kleiner Flamme solange mit einem Holzlöffel rühren, bis sie goldbraun wird. Wir fügen jetzt nach und nach warmes Wasser zu und tauchen das Gemütesträußchen ein. Sobald es kocht, geben wir die restliche Butter und Fleisch und Knochen dazu. Wir würzen mit Salz und Pfeffer.

Einige Zeit gründlich rühren und mit Alufolie und Topfdeckel abgedeckt auf kleiner Flamme ca. 1 Stunde köcheln lassen. Dabei ab und an umrühren.

In der Zwischenzeit verrühren wir Eigelb mit Zitronensaft. Nach 1 Stunde nehmen wir den Topf vom Feuer und entfernen das Kräutersträußchen. Die Eigelb-Zitronen-Emulsion schnell und gleichmäßig unterrühren, damit die Sauce schön cremig wird. Auf einer vorgewärmten Platte sofort servieren.

Vorbereitungszeit ca. 1 Stunde 15 Minuten

Zutaten für 4 Personen:

500 g Kalbsbrust
1 gestrichener EL Mehl
50 g Butter
2 ml warmes Wasser
1 Sträußchen aus:
1 Zwiebel und 1 Mohrrübe in dünnen Streifen,
einige Petersilien- und Basilikumstängel,
1 Selleriestaude (m. E. der Vorreiter unserer fertigen Gemüsebrühe)
Salz und weißer Pfeffer aus der Mühle
2 Eigelb
Saft 1/2 Zitrone

Signor Pellegrino Artusi lebte im 19. Jahrhundert, stammte aus der Romagna und schrieb das Meisterwerk der italienischen Küche „La scienza in cucina e l'arte di mangiare bene" („Die Wissenschaft in der Küche und die Kunst, gut zu essen"). Man nennt ihn einfach „Il Maestro", sein Buch erschien 1891 im Selbstverlag und wurde bis zum heutigen Tag unzählige Male neu verlegt. In Altitalienisch geschrieben, mit vielen Tipps gespickt, ist dieses Buch praktisch in jedem Haushalt Norditaliens zu finden. Vieles ist natürlich heutzutage überholt, aber trotzdem sind die Anekdoten hochamüsant und informieren uns über die Bräuche und Traditionen der damaligen Zeit.

Seitan alla ligure
(Geschmorter Seitan auf ligurische Art)

Zutaten für 4 Personen:

*500 g frische Tomaten guter Qualität
(sonst Pomodori pelati aus der Dose)
6 Basilikumblätter, gehackt
2 Knoblauchzehen, zerdrückt
ca. 20 g Butter
4 EL Öl
1 kleine Zwiebel in hauchdünnen Scheiben
1 Selleriestange in dünnen Scheiben
2 EL gehackte Petersilie
Salz und Pfeffer aus der Mühle
1 Rosmarinzweig, gerebelt und gehackt
600 g Seitan, in gleichmäßige Stücke geschnitten
1/2 Glas trockener Weißwein
500 g Kartoffeln
2 Streifen von der Schale einer Bio-Zitrone*

Frische Tomaten 10 Sekunden im kochendem Wasser überbrühen, häuten, vierteln, Samen entfernen und in kleine Stücke schneiden. Verwenden wir Pomodori pelati aus der Dose, befreien wir sie vom harten Stielansatz und zerkleinern sie mit den Fingern.

Basilikumblätter und 1 Knoblauchzehe in einem Topf mit zerlassener Butter und der Hälfte des Öls kurz anbraten. Dann geben wir Zwiebel, Sellerie und Petersilie hinzu und lassen alles etwas schmoren, bis es zusammengefallen ist. Tomaten zufügen und mit Salz und Pfeffer würzen. Im zugedeckten Topf für ca. 20 Minuten köcheln lassen. Wir rühren ab und zu um und achten darauf, dass die Sauce nicht zu trocken wird. Mit einem Pürierstab verarbeiten wir die Mischung zu einer glatten Sauce.

In einer heißen Pfanne ohne Fett trocknen wir den Seitan und drücken mit einem Holzlöffel sanft Flüssigkeit heraus. Rösten, bis er leicht kross ist, und in Mehl wälzen.

In einem größeren Tontopf oder Emaillebräter Öl erhitzen und 1 Knoblauchzehe samt gehacktem Rosmarin kurz anbraten, den Seitan darin kross anbraten. Wir gießen Wein nach und nach an; wenn er komplett verdampft ist, geben wir die Tomatensauce dazu und würzen kräftig mit Salz und Pfeffer. Zugedeckt zum Kochen bringen.

Inzwischen schälen wir die Kartoffeln und schneiden sie in ca. 1/2 cm dicke Scheiben.

In den Topf zum Seitan geben, gründlich unterrühren und ggf. einen weiteren Schuss Wein oder etwas Wasser zugeben. Nochmals 35 Minuten bei geschlossenem Deckel köcheln lassen, Zitronenschale zugeben und weitere 10 Minuten kochen.

*Vorbereitungszeit
ca. 2 Stunden*

Stufato alla ligure
(Schmorbraten auf ligurische Art)

Frische Tomaten 10 Sekunden im kochendem Wasser überbrühen, häuten, vierteln, Samen entfernen und in kleine Stücke schneiden. Verwenden wir Pomodori pelati aus der Dose, befreien wir sie vom harten Stielansatz und zerkleinern sie mit den Fingern.

Basilikumblätter und 1 Knoblauchzehe in einem Topf mit zerlassener Butter und der Hälfte des Öls kurz anbraten. Dann geben wir Zwiebel, Sellerie und Petersilie hinzu und lassen alles etwas schmoren, bis es zusammengefallen ist. Tomaten zufügen und mit Salz und Pfeffer würzen. Im zugedeckten Topf für ca. 20 Minuten köcheln lassen. Wir rühren ab und zu um und achten darauf, dass die Sauce nicht zu trocken wird. Mit einem Pürierstab verarbeiten wir die Mischung zu einer glatten Sauce.

In einem größeren Tontopf oder Emaillebräter Öl erhitzen und 1 Knoblauchzehe samt gehacktem Rosmarin kurz anbraten, das Fleisch dazugeben. Wir gießen Wein nach und nach an; wenn er komplett verdampft ist, geben wir die Tomatensauce dazu und würzen kräftig mit Salz und Pfeffer. Bei geschlossenem Deckel ca. 15 Minuten auf kleiner Flamme köcheln.

Inzwischen schälen wir die Kartoffeln und schneiden sie in ca. 1/2 cm dicke Scheiben.

In den Topf zum Fleisch geben, gründlich unterrühren und ggf. einen weiteren Schuss Wein oder etwas Wasser zugeben. Nochmals 20 Minuten bei geschlossenem Deckel köcheln lassen, Zitronenschale zugeben und weitere 25 Minuten kochen.

Vorbereitungszeit ca. 2 Stunden

Zutaten für 4 Personen:

500 g frische Tomaten guter Qualität (sonst Pomodori pelati aus der Dose)
6 Basilikumblätter, gehackt
2 Knoblauchzehen, zerdrückt
ca. 20 g Butter
4 EL Öl
1 kleine Zwiebel in hauchdünnen Scheiben
1 Selleriestange in dünnen Scheiben
2 EL gehackte Petersilie
Salz und Pfeffer aus der Mühle
1 Rosmarinzweig, gerebelt und gehackt
600 g Kalbsfleisch, in gleichmäßige Stücke geschnitten
1/2 Glas trockener Weißwein
500 g Kartoffeln
2 Streifen von der Schale einer Bio-Zitrone

Ligurien gehört zu meinen Lieblingsregionen in Italien. Die Kombination von Bergen und Meer ... ich sage immer: Wenn ich reich werde, kaufe ich mir dort ein Ferienhaus.

Fleisch | 135

Brasato di seitan con funghi e cipolline
(Seitanbraten mit Pilzen und Perlzwiebeln)

Zutaten für 4 Personen:

100 g marinierter (s. Grundrezept S. 183), aber hier nicht vorgebratener Tempeh in Scheiben
250 g Perlzwiebeln
ca. 1 kg marinierter Seitan in großen Stücken
etwas Olivenöl zum Anbraten
Salz und Pfeffer aus der Mühle
1 Lorbeerblatt
je 1 Sträußchen Petersilie und Basilikum ohne Stiele
je 1 Zweig Rosmarin und Thymian (alternativ je 1 TL trockene Kräuter)
6 Wacholderbeeren
2 mittelgroße Möhren, in Scheiben geschnitten
300 g frische Steinpilze, in Scheiben geschnitten
1/2 Glas trockener Rotwein
ca. 400 ml Gemüsebrühe
1 Stück Butter (ca. 40 g)

Tempeh nach Grundrezept marinieren, ohne ihn anzubraten.

Salzwasser in einem mittelgroßen Topf zum Kochen bringen und Perlzwiebeln darin für genau 1 Minute brühen. Abgießen und die Zwiebeln schälen – das vereinfacht das Schälen und erspart Tränen!

Wir drücken die Restflüssigkeit aus den Seitanstücken und rösten sie sorgfältig in einer trockenen Pfanne.

Einige Zwiebeln mit dem Tempeh hacken und in einer Kasserolle kurz in Olivenöl anbraten. Dann legen wir den Seitan dazu und braten ihn auf großer Flamme rundherum kross. Mit reichlich Salz und Pfeffer würzen und die übrigen Kräuter und Gewürze zugeben. Möhren und Steinpilze sorgfältig untermischen und Wein angießen. Sobald der Wein verdampft ist, entnehmen wir den Seitan und stellen ihn warm.

Die Hälfte der Brühe angießen, auf kleine Flamme stellen und zugedeckt köcheln lassen.

Wir rühren gelegentlich um und geben nach ca. 10 Minuten die übrigen Zwiebeln dazu. Abschmecken, die übrige Brühe dazugeben und weitere 15 Minuten auf kleiner Flamme köcheln.

Mit dem Seitan weitere 15 Minuten garen. Im letzten Moment rühren wir die Butter sorgfältig unter.

Wir nehmen den Seitan aus dem Topf und schneiden ihn in nicht zu dicke Scheiben. Auf einer vorgewärmten Servierplatte anrichten, mit der Sauce übergießen und die Perlzwiebeln um den Braten arrangieren.

Dazu passt eine dampfende Polenta oder kurz in einer Pfanne in Butter, Salz und Pfeffer angebratene Pellkartoffeln

Vorbereitungszeit ca. 1 Stunde

Außerhalb der Pilzsaison verwende ich eine gute Handvoll getrockneter Pilze, die ich für 20 Minuten in lauwarmem Wasser einweiche.

Brasato di vitello con funghi e cipolline

(Kalbsbraten mit Pilzen und Perlzwiebeln)

Zutaten für 4 Personen:

*250 g Perlzwiebeln
ca. 1 kg Kalbsbraten am Stück
100 g Pancetta oder Bauchspeck in Scheiben
etwas Olivenöl zum Anbraten
Salz und Pfeffer aus der Mühle
1 Lorbeerblatt
je 1 Sträußchen Petersilie und Basilikum ohne Stiele
je 1 Zweig Rosmarin und Thymian (alternativ je 1 TL trockene Kräuter)
6 Wacholderbeeren
2 mittelgroße Möhren, in Scheiben geschnitten
300 g frische Steinpilze, in Scheiben geschnitten
1 Glas trockener Rotwein
ca. 400 ml Rinderbrühe*

Salzwasser in einem mittelgroßen Topf zum Kochen bringen und Perlzwiebeln darin für genau 1 Minute brühen. Abgießen und die Zwiebeln schälen – das vereinfacht das Schälen und erspart Tränen!
Wir waschen und trocknen das Fleischstück sorgfältig.
Einige Zwiebeln mit der Pancetta hacken und in einer Kasserolle kurz in Olivenöl anbraten. Dann legen wir das Fleisch dazu und braten es auf großer Flamme rundherum goldbraun. Mit reichlich Salz und Pfeffer würzen und die übrigen Kräuter und Gewürze zugeben. Möhren und Steinpilze sorgfältig untermischen und Wein angießen. Sobald der Wein verdampft ist, mit der Hälfte der Brühe aufgießen, auf kleine Flamme stellen und zugedeckt schmoren lassen. Wir rühren gelegentlich um und gießen nach ca. 1 Stunde die restliche Brühe dazu. Zugedeckt eine gute weitere Stunde schmoren. Dann geben wir die übrigen Zwiebeln dazu und schmecken ab. Eventuell noch etwas Flüssigkeit ergänzen und nochmals 30 Minuten auf kleiner Flamme köcheln.
Wir nehmen das Fleisch aus dem Topf und schneiden es in nicht zu dicke Scheiben. Auf einer vorgewärmten Servierplatte anrichten, mit der Sauce übergießen und die Perlzwiebeln um den Braten arrangieren.
Dazu passt eine dampfende Polenta oder kurz in einer Pfanne in Butter, Salz und Pfeffer angebratene Pellkartoffeln.

*Vorbereitungszeit
ca. 3 Stunden*

Scaloppine di seitan ai capperi

(Seitanschnitzel in Kapernsauce)

Zutaten für 4 Personen:

*1 Handvoll Petersilie
1 gehäufter EL Kapern
ca. 600 g schön
dünne Seitansteaks
(etwa 8 Stück)
etwas Mehl
Salz, Pfeffer und
Muskatnuss aus der
Mühle
ca. 60 g Butter
1 Schuss Sonnen-
blumenöl
2 EL Weißweinessig
1/2 Glas trockener
Weißwein*

Ich hacke Petersilie und Kapern nicht zu fein. Die Seitanschnitzel in einer Pfanne ohne Fettzufuhr leicht rösten und dabei mit einem Holzlöffel sanft restlichen Sud herausdrücken. Auf einem flachen Teller etwas Mehl mit reichlich Salz, Pfeffer und Muskatnuss gründlich mischen und darin die Schnitzel beidseitig panieren. In einer großen Pfanne brate ich die Schnitzel in zerlassener Butter mit 1 Schuss Öl höchstens 2 Minuten pro Seite. Jetzt geben wir die Petersilie-Kapern-Mischung dazu. Mit Essig und Wein ablöschen und zugedeckt weitere 2 Minuten auf kleiner Flamme ziehen lassen.

*Vorbereitungszeit
ca. 20 Minuten*

Scaloppine di manzo ai capperi
(Rinder-Minutenschnitzel in Kapernsauce)

Zutaten für 4 Personen:

1 Handvoll Petersilie
1 gehäufter EL Kapern
ca. 600 g schön dünne Rinderschnitzel
(etwa 8 Stück)
etwas Mehl
Salz, Pfeffer und Muskatnuss aus der Mühle
ca. 60 g Butter
1 Schuss Sonnenblumenöl
2 EL Weißweinessig
1/2 Glas trockener Weißwein

Ich hacke Petersilie und Kapern nicht zu fein. Dann tupfe ich die Schnitzel mit Küchenkrepp sorgfältig trocken. Auf einem flachen Teller etwas Mehl mit reichlich Salz, Pfeffer und Muskatnuss gründlich mischen und darin die Schnitzel beidseitig panieren.

In einer großen Pfanne brate ich die Schnitzel in erhitzter Butter mit 1 Schuss Öl höchstens 2 Minuten pro Seite. Jetzt geben wir die Petersilie-Kapernmischung dazu. Mit Essig und Wein ablöschen und zugedeckt weitere 2 Minuten auf kleiner Flamme ziehen lassen.

Vorbereitungszeit ca. 20 Minuten

Einfach, schnell, schmackhaft! Ein Gericht, das ich in Taormina genossen und mir sofort habe erklären lassen. Die Köchin des Restaurants hat mich in ihre Küche eingeladen und mir gezeigt, wie sie die scaloppine zubereitet.

Fleisch | 139

Ricette al forno
Ofengerichte

Unverzichtbarer Bestandteil der klassischen italienischen Küche sind ihre Ofengerichte – so reichhaltig, so variantenreich wie in kaum einer anderen Länderküche. Die gute italienische Hausmannskost weiß selbst den eifrigen Besucher italienischer Restaurants mit Köstlichkeiten wie Pizza patate alla pugliese, Timballo alla ferrarese oder Sformato di taglierini noch zu überraschen. Diese Ofengerichte schmecken nicht nur in der kalten Jahreszeit – cucina italiana in Reinkultur!

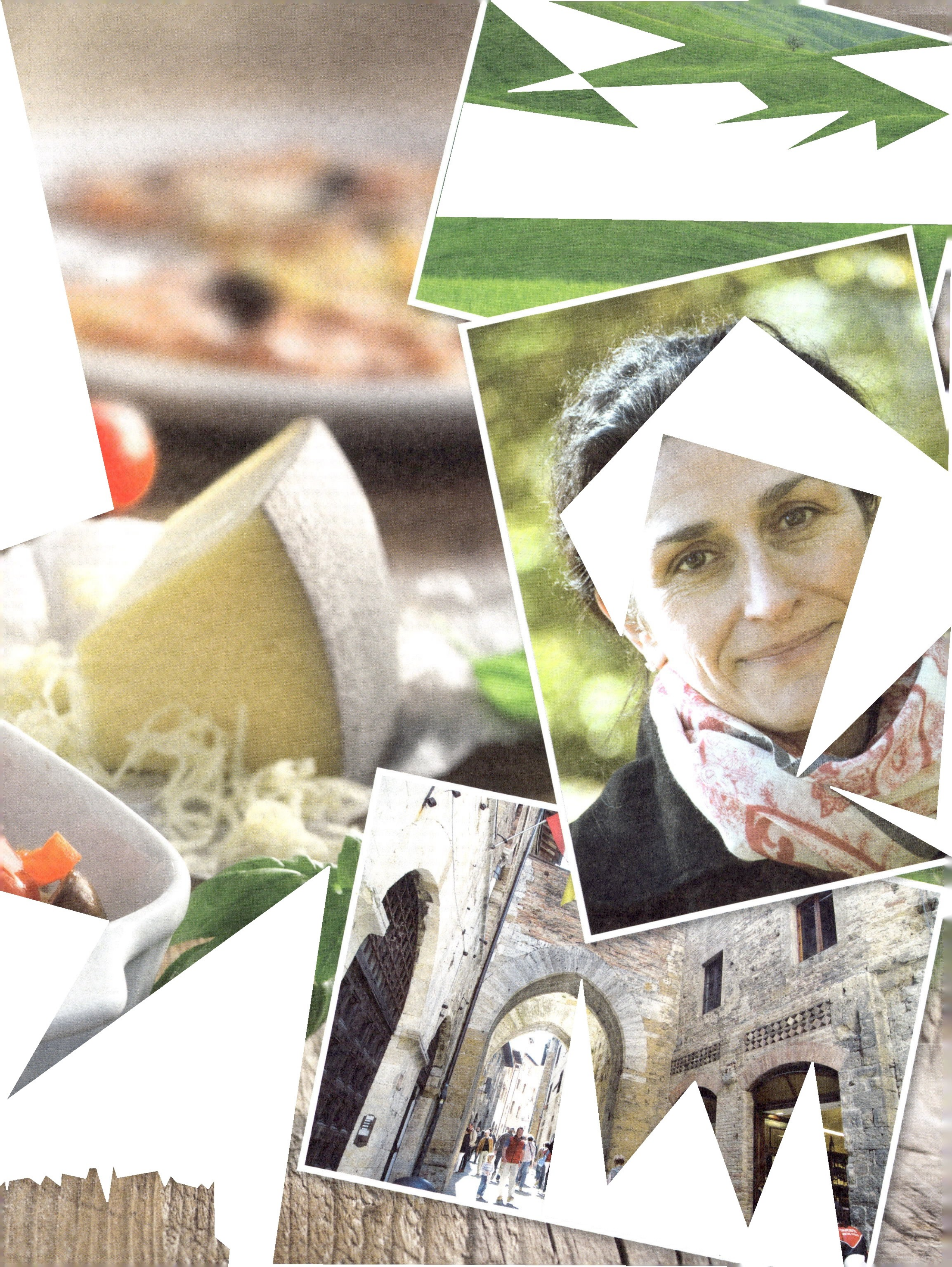

Torta di ricotta con tempeh
(Ricottakuchen mit Tempeh)

Zutaten für einen Kuchen (8 große Portionen):

Für den Teig
(ergibt etwa 500 g Teig)
(alternativ: ein fertiger frischer Pizzateig – ggf. 2 Packungen – oder ein Brotteig vom Bäcker)
300 g Mehl
Trockenhefe
Salz
lauwarmes Wasser
1 Schuss Olivenöl

Für die Füllung
2 Eier
500 g weiche Ricotta
4 EL geriebener Parmesan
100 g Cacio cavallo (alternativ ein ähnlich mild-süßlicher Käse) in kleinen Würfeln
1 Stück marinierter, vorgebratener Tempeh (s. Grundrezept S. 183), 3–4 cm groß, zerbröselt
1 EL Pistazien (Walnüsse in kleinen Stücken sind auch gut)
Salz und Pfeffer aus der Mühle
Muskatnuss

Zutaten für den Teig sorgfältig mischen und kneten, bis wir eine glatte Kugel haben. Etwa 20 Minuten lang zugedeckt an ein warmes Plätzchen stellen, bis der Teig schön aufgegangen ist.

Wir heizen den Ofen auf ca. 200 °C vor.

Eier gründlich unter die Ricotta rühren, die restlichen Zutaten vorsichtig unterheben. Wichtig ist genug Würze, darum immer wieder abschmecken.

Wir rollen den frischen Teig so dünn es geht zu zwei runden Platten aus. Eine Platte legen wir so in eine gefettete Springform, dass auch der Rand bis oben hin bedeckt ist, und füllen die Ricottamasse ein. In den Teigdeckel pieksen wir mehrfach mit einer Gabel, bevor wir den Kuchen zudecken und mit dem Rand des Bodens schön schließen.

Ab in den Ofen, bis der Teig eine goldene Farbe angenommen hat, das dauert ca. 45 Minuten. Den Kuchen erst etwa 10 Minuten abkühlen lassen, bevor wir ihn aus der Form nehmen.

Der Kuchen schmeckt auch einen Tag später kalt oder leicht aufgewärmt hervorragend. Dazu passt ein frisch gemischter Salat aus kleingewürfelten Tomaten und Gurken in einem Oregano-Balsamicodressing. Eine leckere Kombination ist auch ein Radicchiosalat mit Walnüssen oder Pistazien.

Vorbereitungszeit ca. 1 Stunde (wenn wir den Teig selbst herstellen, sonst 20 Minuten) plus ca. 45 Minuten Backzeit plus ca. 10 Minuten Abkühlzeit

Torta di ricotta con prosciutto
(Ricottakuchen mit prosciutto)

Zutaten für einen Kuchen (8 große Portionen):

Für den Teig
*(ergibt etwa 500 g Teig)
(alternativ: ein fertiger frischer Pizzateig – ggf. 2 Packungen – oder ein Brotteig vom Bäcker)*
300 g Mehl
Trockenhefe
Salz
lauwarmes Wasser
1 Schuss Olivenöl

Für die Füllung
2 Eier
500 g weiche Ricotta
4 EL geriebener Parmesan
100 g Cacio cavallo (alternativ ein ähnlich mild-süßlicher Käse) in kleinen Würfeln
100 g italienische Salami (alternativ magerer Prosciutto crudo), klein gewürfelt
1 EL Pistazien (Walnüsse in kleinen Stücken sind auch gut)
Salz und Pfeffer aus der Mühle
Muskatnuss

Zutaten für den Teig sorgfältig mischen und kneten, bis wir eine glatte Kugel haben. Etwa 20 Minuten lang zugedeckt an ein warmes Plätzchen stellen, bis der Teig schön aufgegangen ist.
Wir heizen den Ofen auf ca. 200 °C vor.
Eier gründlich unter die Ricotta rühren, die restlichen Zutaten vorsichtig unterheben. Wichtig ist genug Würze, darum immer wieder abschmecken.
Wir rollen den frischen Teig so dünn es geht zu zwei runden Platten aus. Eine Platte legen wir so in eine gefettete Springform, dass auch der Rand bis oben hin bedeckt ist, und füllen die Ricottamischung ein. In den Teigdeckel pieksen wir mehrfach mit einer Gabel, bevor wir den Kuchen zudecken und mit dem Rand des Bodens schön schließen.
Ab in den Ofen, bis der Teig eine goldene Farbe angenommen hat, das dauert ca. 45 Minuten. Den Kuchen erst etwa 10 Minuten abkühlen lassen, bevor wir ihn aus der Form nehmen. Der Kuchen schmeckt auch einen Tag später kalt oder leicht aufgewärmt hervorragend.
Dazu passt ein frisch gemischter Salat aus kleingewürfelten Tomaten und Gurken in einem Oregano-Balsamicodressing. Eine leckere Kombination ist auch ein Radicchiosalat mit Walnüssen oder Pistazien.

Vorbereitungszeit ca. 1 Stunde (wenn wir den Teig selbst herstellen, sonst 20 Minuten) plus ca. 45 Minuten Backzeit plus ca. 10 Minuten Abkühlzeit

Dieses Rezept stammt aus dem Heft, in dem ich schon in meiner Kindheit Rezepte sammelte. Ich vermute, das Rezept kam per Brief von einer meiner Kusinen oder von einer Schulfreundin, ich weiß es nicht mehr. Nach vielen Jahren habe ich mich wieder daran gewagt und jeder, der es gekostet hat, war von beiden Versionen begeistert.

Timballo di patate ripiene di tofu, tempeh e soja

(Mit Tofu, Tempeh und Soja gefüllte Kartoffeltorte)

Zutaten für eine Torte (12 Portionen):

ca. 70 g (Trockengewicht) Sojagranulat
ca. 200 ml kräftige Gemüsebrühe
ca. 150 g Tempeh, zerbröselt
Salz und Pfeffer aus der Mühle
etwas Sonnenblumenöl
100 g gewürfelter, marinierter Tofu (s. Grundrezept S. 183)
1 Handvoll trockene, eingeweichte Mischpilze
1 kg Kartoffeln
50 g Butter, plus etwas Butter zum Einfetten der Form
3 EL Passata di pomodoro (passierte Tomaten)
etwas Mehl
3–4 EL Paniermehl
1 Ei
2 EL geriebener Parmesan
1 Eigelb

Ich koche das Sojagranulat in der Brühe auf und lasse es 15 Minuten quellen. Dann mariniere ich den Tempeh 10 Minuten mit Salz, Pfeffer und Sonnenblumenöl und lasse den marinierten Tofu gut abtropfen.
Ofen auf 200 °C vorheizen.
Pilze in wenig lauwarmem Wasser etwa 20 Minuten einweichen.
Wir kochen die Kartoffeln mit Schale in Salzwasser. Während der Kochzeit brate ich die ausgedrückten Pilze und den Tofu in etwas Butter und würze mit Salz und Pfeffer.
In einer Extrapfanne brate ich den zerbröselten Tempeh und das gut ausgedrückte Sojagranulat richtig scharf an, bevor wir die passierten Tomaten, etwas Wasser und Mehl hinzugeben. Wir lassen alles kurz köcheln, bis die Sauce schön angedickt ist. Die Pfanne vom Feuer nehmen und die Pilze und den Tofu hinzufügen.
Eine runde Backform von ca. 28 cm Durchmesser mit Butter einfetten und die Hälfte des Paniermehls gleichmäßig darüber verteilen. Ei schlagen und darüber verteilen; das Ganze nochmals panieren, damit wir am Ende eine schöne Kruste haben.
Sind die Kartoffeln gar, schälen und stampfen wir sie zu einer glatten Masse, ich nehme hierzu gerne meine „Flotte Lotte". Mit Parmesan, Eigelb, einem Stückchen Butter und etwas Salz glattrühren. Nun ca. 3/4 der Kartoffeln gleichmäßig in der Form verteilen, die Sauce hineingießen und mit dem Rest der Kartoffelmasse bedecken. Ich rolle sie vorsichtig zu einer runden Scheibe aus, so wie für einen Nudelteig.
Wir streuen noch etwas Paniermehl und ein paar Butterflöckchen auf den Deckel und schieben das Ganze für ca. 45 Minuten in den Ofen. Die Torte etwas abkühlen lassen, bevor wir sie aus der Form stürzen.

Vorbereitungszeit
ca. 2 Stunden plus
15 Minuten Quellzeit plus
10 Minuten Marinierzeit

Auch dieses Rezept stammt aus meinem Zauberkochheft – für mich ist es ein typisches Kinderrezept: Alles, was gebacken werden darf, ist doch sooo faszinierend! Kalorien spielten damals noch keine Rolle und dürfen auch heute nicht so wichtig genommen werden, finde ich!

Timballo di patate ripiene di pollo e prosciutto
(Mit Hähnchenleber und Schinken gefüllte Kartoffeltorte)

Zutaten für eine Torte (12 Portionen):

1 kg Kartoffeln
1 Handvoll trockene, eingeweichte Mischpilze
50 g Butter, plus etwas Butter zum Einfetten der Form
Salz und Pfeffer aus der Mühle
etwas Mehl
200 g italienische Salsiccia (alternativ frische Mettwurst)
4 Hühnerlebern
3 EL Passata di pomodoro (passierte Tomaten)
100 g Prosciutto cotto, gewürfelt
3–4 EL Paniermehl
1 Ei
2 EL geriebener Parmesan
1 Eigelb

Ofen auf 200 °C aufheizen.
Ich koche die Kartoffeln mit Schale in Salzwasser. Pilze in wenig lauwarmem Wasser etwa 20 Minuten einweichen.
Während der Kochzeit brate ich die ausgedrückten Pilze in etwas Butter an und würze mit Salz und Pfeffer.
In einer Extrapfanne schwenke ich die geschälte, kleingeschnittene Wurst und die kleingeschnittene Hühnerleber, die ich vorher leicht in Mehl gewälzt habe, in zerlassener Butter.
Mit passierten Tomaten und etwas Wasser köcheln, bis die Sauce schön angedickt ist. Wir nehmen die Pfanne vom Feuer und fügen die Pilze und den Schinken hinzu.
Eine runde Backform von ca. 28 cm Durchmesser mit Butter einfetten und die Hälfte des Paniermehls gleichmäßig darüber verteilen. Ei schlagen und darüber verteilen; das Ganze nochmals panieren, damit wir am Ende eine schöne Kruste haben.
Sind die Kartoffeln gar, schälen und stampfen wir sie zu einer glatten Masse, ich nehme hierzu gerne meine „Flotte Lotte". Mit Parmesan, Eigelb, einem Stückchen Butter und etwas Salz glattrühren.
Nun ca. ¾ der Kartoffeln gleichmäßig in der Form verteilen, die Sauce hineingießen und mit dem Rest der Kartoffelmasse bedecken. Ich rolle sie vorsichtig zu einer runden Scheibe aus, so wie für einen Nudelteig.
Wir streuen noch etwas Paniermehl und ein paar Butterflöckchen auf den Deckel und schieben das Ganze für ca. 45 Minuten in den Ofen. Die Torte etwas abkühlen lassen, bevor wir sie aus der Form stürzen.

Vorbereitungszeit ca. 1 Stunde 30 Minuten

Unter „Timballo" verstehen wir einen gedeckten herzhaften Kuchen mit Brisée-, Mürbe-, Hefe- oder Blätterteig. Manchmal werden auch gestampfte Kartoffeln verarbeitet. Die Füllung besteht aus Pasta oder Reis, angemacht mit Fleisch, Fisch oder Gemüse sowie Eiern. Dieses Gericht hat eine jahrhundertealte Tradition und gehört zur klassischen alta cucina. Die Vorbereitung ist – wie bei sformato – etwas langwierig, aber nicht schwer. Ein raffinierter Trick der Chefs besteht darin, ein dünnes Papprührchen zwischen Teigboden und Deckel zu platzieren, damit der Dampf aus dem Kucheninneren entweicht, ohne dass der Deckel platzt. Timballo nach dem Backvorgang in seiner Form leicht abkühlen lassen, bevor er aus der Form genommen und noch warm aufgetragen wird. Der reichhaltige Timballo wird in der Regel als Einzelgericht bzw. nach einer leichten Vorspeise oder Suppe serviert.

Pizza di patate con tofu
(Kartoffelpizza mit Räuchertofu)

Zutaten für 1 Pizza von ca. 25 cm Durchmesser:

300 g Kartoffeln
100 g entkernte schwarze Oliven
1 EL Kapern
50 g Räuchertofu
ca. 50 g Provolone dolce (alternativ ein anderer milder, süßlicher Käse)
250 g Roma-Tomaten, geschält und ohne Kerne (alternativ Pomodori pelati)
ca. 100 g Mehl (je nach Qualität der Kartoffeln)
etwas Öl
Paniermehl für die Form
2 EL Olivenöl
50 g marinierter, vorgebratener Tempeh (s. Grundrezept S. 183), grob gehackt
Salz und Pfeffer aus der Mühle
1 gestrichener EL Oregano

Ofen auf 200 °C Umluft (Ober- und Unterhitze 220 °C) vorheizen.
Wir kochen die ungeschälten Kartoffeln in leicht gesalzenem Wasser.
Währenddessen hacken wir Oliven und Kapern grob, würfeln Räuchertofu und Käse und filetieren die Tomaten.
Kartoffeln schälen und stampfen (ich greife wieder zu meiner „Flotten Lotte") und mit dem Mehl und wenig Salz kneten, bis wir einen geschmeidigen Teig erhalten.
Backform mit Öl bepinseln und mit etwas Paniermehl bestreuen. Teig mit den Händen formen und auslegen. Der Rand sollte etwas höher sein, damit der Belag nicht ausläuft.
Jetzt kommen Tomatenfilets, Tempeh und Käse sowie Kapern- und Olivenstücke auf den Teig. Den Räuchertofu geben wir in letzte Minute dazu, so entfaltet er beim Backen sein ganzes Aroma.
Mit etwas Salz, Pfeffer und dem Oregano würzen. Wir tröpfeln das Olivenöl gleichmäßig über die ganze Pizzafläche und schieben die Pizza für ca. 20–25 Minuten in den heißen Ofen.

Vorbereitungszeit ca. 1 Stunde 30 Minuten

Pizza di patate alla pugliese
(Kartoffelpizza apulische Art)

Zutaten für 1 Pizza von ca. 25 cm Durchmesser:

300 g Kartoffeln
100 g entkernte schwarze Oliven
1 EL Kapern
100 g Pancetta affumicata (alternativ Räucherspeck)
ca. 50 g Provolone dolce (alternativ ein anderer milder, süßlicher Käse)
250 g Roma-Tomaten, geschält und ohne Kerne (alternativ Pomodori pelati)
ca. 100 g Mehl (je nach Qualität der Kartoffeln)
etwas Öl
Paniermehl für die Form
Salz und Pfeffer aus der Mühle
1 gestrichener EL Oregano
2 EL Olivenöl

Ofen auf 200 °C Umluft (Ober- und Unterhitze 220 °C) vorheizen.
Wir kochen die ungeschälten Kartoffeln in leicht gesalzenem Wasser. Währenddessen hacken wir Oliven und Kapern grob, schneiden Pancetta und Käse in kleine Würfel und filetieren die Tomaten. Kartoffeln schälen und stampfen (ich greife wieder zu meiner Flotten Lotte) und mit dem Mehl und wenig Salz kneten, bis wir einen geschmeidigen Teig erhalten.
Backform mit Öl bepinseln und mit etwas Paniermehl bestreuen. Teig mit den Händen formen und auslegen. Der Rand sollte etwas höher sein, damit der Belag nicht ausläuft.
Jetzt kommen die Tomatenfilets, Schinken und Käse, Kapern- und Olivenstücke auf den Teig. Mit etwas Salz, Pfeffer und dem Oregano würzen.
Wir tröpfeln das Olivenöl gleichmäßig über die ganze Pizzafläche und schieben die Pizza für ca. 20–25 Minuten in den heißen Ofen.

Vorbereitungszeit ca. 1 Stunde 30 Minuten

Dies ist ein klassisches, sehr beliebtes Volksrezept aus Apulien. Wenn meine Tante gute Oliven aus Bari bekommt, bereitet sie diese Pizza auch heute noch in Cortina in den Dolomiten zu. Auch ich nehme gute sizilianische Oliven und schabe sie vom Kern, sie schmecken einfach viel besser!

Ofengerichte | 147

Sformato di zucchine
(Zucchini-Tofu-Auflauf)

Zutaten für 4 Personen:

3 Eier
1 Eiweiß
500 ml Béchamelsauce (s. Grundrezept S. 190)
etwas Butter und Mehl für die Form
500 g Zucchini
50 g Butter
Salz und Pfeffer aus der Mühle
Muskatnuss
150 g fester, marinierter Tofu (s. Grundrezept S. 183)
wichtig: heißes Wasser fürs Wasserbad

Ich nehme die Eier rechtzeitig aus dem Kühlschrank, damit sie zum Eischneeschlagen Raumtemperatur haben – sonst wird das nichts! Wir können auch schon den Ofen auf ca. 200 °C Ober- und Unterhitze vorheizen.
Dann bereite ich die Béchamelsauce vor und halte sie warm bzw. erwärme sie ganz leicht. Backform mit etwas Butter einreiben und mit wenig Mehl bestreuen. Weit weg von Herd und Ofen abstellen.
Jetzt schneide ich die Zucchini in Würfel von etwa 1 x 1 cm und brate sie in Butter an. Mit Salz, Pfeffer und einer kleinen Prise Muskatnuss würzen und zugedeckt kurz garen lassen. Sie sollten nicht braun werden.
Wir braten gleichzeitig in einer zweiten Pfanne die gut abgetropften Tofuwürfel kross, bis sie goldbraun sind und stellen sie warm. Die gegarten Zucchini auf einem Brett mit dem Tofu grob hacken.
Dann koche ich reichlich Wasser für das Wasserbad auf.
Eier trennen – jetzt können wir die Eiweiß (von 4 Eiern) zu Schnee schlagen.
Die Eigelb unter die lauwarme Béchamelsauce rühren, Zucchini-Tofu-Mischung und zuletzt das Eiweiß vorsichtig unterheben.
Ich gieße die Mischung in die vorbereitete Backform, fülle den Bräter mit dem kochenden Wasser und stelle die Backform hinein. Das Ganze in den heißen Backofen schieben. Das Wasser im Bräter sollte die ganze Backzeit über, also etwa eine Stunde lang, leicht „zittern".
Wir können durch die Zahnstocherprobe feststellen, wann der Auflauf fertig ist. Falls die Oberfläche des Auflaufs noch zu blass wirkt, können wir kurz die Temperatur erhöhen und auf Umluft stellen, bis sie leicht gebräunt ist. Die Form aus dem Ofen nehmen und ca. 30 Minuten abkühlen lassen, dann stürzen wir den Auflauf auf einen Servierteller. Falls sich der Auflauf nicht löst, einfach noch etwas warten.

Vorbereitungszeit ca. 30 Minuten plus
1 Stunde Backzeit plus
30 Minuten Abkühlzeit

Sformato di zucchine
(Zucchini-Schinken-Auflauf)

Zutaten für 4 Personen:

3 Eier
1 Eiweiß
500 ml Béchamelsauce
(s. Grundrezept S. 190)
etwas Butter und Mehl
für die Form
500 g Zucchini
50 g Butter
Salz und Pfeffer aus der
Mühle
Muskatnuss
100 g Prosciutto cotto
(alternativ milder Koch-
schinken)
wichtig: heißes Wasser
fürs Wasserbad

Ich nehme die Eier rechtzeitig aus dem Kühlschrank, damit sie zum Eischneeschlagen Raumtemperatur haben – sonst wird das nichts! Wir können auch schon den Ofen auf ca. 200 °C Ober- und Unterhitze vorheizen.

Dann bereite ich die Béchamelsauce vor und halte sie warm bzw. erwärme sie ganz leicht.

Backform mit etwas Butter einreiben und mit wenig Mehl bestreuen. Weit weg von Herd und Ofen abstellen.

Jetzt schneide ich die Zucchini in Würfel von etwa 1 x 1 cm und brate sie in Butter an. Mit Salz, Pfeffer und einer kleinen Prise Muskatnuss würzen und zugedeckt kurz garen lassen. Sie sollten nicht braun werden. Die gegarten Zucchini auf einem Brett mit dem Schinken grob hacken.

Dann koche ich reichlich Wasser für das Wasserbad auf.

Eier trennen – jetzt können wir die Eiweiß (von 4 Eiern) zu Schnee schlagen.

Die Eigelb unter die lauwarme Béchamelsauce rühren, Zucchini-Schinken-Mischung und zuletzt das Eiweiß vorsichtig unterheben.

Ich gieße die Mischung in die vorbereitete Backform, fülle den Bräter mit dem kochenden Wasser und stelle die Backform hinein. Das Ganze in den heißen Backofen schieben. Das Wasser im Bräter sollte die ganze Backzeit über, also etwa eine Stunde lang, leicht „zittern".

Wir können durch die Zahnstocherprobe feststellen, wann der Auflauf fertig ist. Falls die Oberfläche des Auflaufs noch zu blass wirkt, können wir kurz die Temperatur erhöhen und auf Umluft stellen, bis sie leicht gebräunt ist. Die Form aus dem Ofen nehmen und ca. 30 Minuten abkühlen lassen, dann stürzen wir den Auflauf auf einen Servierteller. Falls sich der Auflauf nicht löst, einfach noch etwas warten.

Vorbereitungszeit ca.
30 Minuten plus 1 Stunde
Backzeit plus 30 Minuten
Abkühlzeit

Timballo alla ferrarese con seitan e tempeh

(Gedeckter Kuchen aus Ferrara mit Seitan und Tempeh)

Zutaten für einen Kuchen von ca. 25 cm Durchmesser (10–12 Stücke):

20 g Trockenpilze
1 Portion Soffritto (s. Grundrezept S. 194)
ca. 50 g weiche Butter
150 g marinierter und vorgebratener Tempeh (s. Grundrezept S. 183), klein gewürfelt
Salz und Pfeffer aus der Mühle
1 Schuss Sonnenblumenöl
500 g gehackter Seitan (s. Grundrezept S. 178)
100 g Hähnchenleber oder Innereien
1/2 Glas trockener Rotwein
300 g geschälte Tomaten
400 g Rigatoni oder Penne
500 ml Béchamelsauce (s. Grundrezept S. 190)
3 EL geriebener Parmesan
1 Packung tiefgefrorener oder frischer Blätterteig
1 Eigelb

Wir weichen die Pilze in wenig lauwarmem Wasser ein.
Soffritto gründlich mit weicher Butter mischen und in einen erhitzten Topf geben.
Darin zunächst den marinierten Tempeh kross anbraten, dann den gehackten Seitan hinzufügen und weiterbraten. Gut mischen, mit Salz und Pfeffer würzen und mit Wein ablöschen.
Sobald der Wein verdampft ist, geben wir die Tomaten und die ausgedrückten Pilze dazu.
Zugedeckt auf kleiner Flamme ca. 1 Stunde köcheln lassen; eventuell nachwürzen und etwas Wasser nachgießen. Die Sauce soll am Ende schön dickflüssig sein.
Ofen auf 180 °C vorheizen
Wir kochen die Nudeln in reichlich Salzwasser.
Béchamelsauce zubereiten oder erwärmen, bevor wir Parmesan untermischen.
Eine eingefettete Backform mit dünn ausgerolltem Teig auslegen, etwas Teig für den Deckel verwahren!
Wenn die Nudeln al dente gar und abgegossen sind, mischen wir die Tempeh-Seitan-Sauce und die Béchamelsauce unter.
Die Nudelmischung in die Backform mit Teig füllen und mit dem Restteig zudecken.
Den Deckel mit geschlagenem Eigelb bestreichen und backen, bis der Timballo goldbraun ist.

Vorbereitungszeit ca. 20 Minuten für den Teig plus Ruhezeit, plus 15 Minuten für die Béchamelsauce, plus ca. 30 Minuten für die Seitansauce, plus ca. 20 Minuten für die Nudeln, plus 30–45 Minuten Backzeit je nach Teigsorte

Timballo alla ferrarese
(Gedeckter Kuchen aus Ferrara)

Zutaten für einen Kuchen von ca. 25 cm Durchmesser (10–12 Stücke):

1 Packung tiefgefrorener Blätterteig
20 g Trockenpilze
100 g Hähnchenleber oder Innereien
1 Portion Soffritto (s. Grundrezept S. 194)
ca. 50 g weiche Butter
400 g gemischtes Hackfleisch
Salz und Pfeffer aus der Mühle
1/2 Glas trockener Rotwein
300 g geschälte Tomaten
400 g Rigatoni oder Penne
500 ml Béchamelsauce (s. Grundrezept S. 190)
3 EL geriebener Parmesan
1 Eigelb

Teig auftauen lassen und dünn ausrollen.
Wir weichen die Pilze in wenig lauwarmem Wasser ein.
Leber oder Innereien in kleine Stücke schneiden.
Soffritto gründlich mit weicher Butter mischen und in einen erhitzten Topf geben.
Jetzt fügen wir das Fleisch hinzu und braten alles gut an. Gut mischen, mit Salz und Pfeffer würzen und mit Wein ablöschen.
Sobald der Wein verdampft ist, geben wir die Tomaten und die ausgedrückten Pilze dazu.
Zugedeckt auf kleiner Flamme ca. 1 Stunde köcheln lassen; eventuell nachwürzen und etwas Wasser nachgießen. Die Sauce soll am Ende schön dickflüssig sein.
Ofen auf 180 °C vorheizen.
Wir kochen die Nudeln in reichlich Salzwasser.
Béchamelsauce zubereiten oder erwärmen, bevor wir den Parmesan untermischen.
Eine eingefettete Backform mit dünn ausgerolltem Teig auslegen, etwas Teig für den Deckel verwahren!
Wenn die Nudeln al dente gar und abgegossen sind, mischen wir Fleischsauce und Béchamelsauce unter.
Die Nudelmischung in die Backform mit Teig füllen und mit dem Restteig zudecken.
Den Deckel mit geschlagenem Eigelb bestreichen und backen, bis der Timballo goldbraun ist.

Vorbereitungszeit: Auftauzeit für den Teig, ca. 15 Minuten für die Béchamelsauce, plus ca. 1 Stunde 30 Minuten für die Fleischsauce, plus ca. 20 Minuten für die Nudeln, plus 30–45 Minuten Backzeit je nach Teigsorte

Um sich das Leben zu erleichtern und Zeit zu sparen empfehle ich:

1. einen fertigen Teig einzusetzen (Mürbe-, Blätter- oder Hefeteig). Ich bevorzuge Blätterteig, weil er sich schön dünn ausrollen lässt.

2. Fleischragù schon am Vortag oder einige Stunden früher zuzubereiten. Hier können sie auf ihre portionierten, tiefgefrorenen Soffrittoreserven zugreifen. Soffrittogeschmack intensiviert sich sogar, wenn er länger zieht.

3. Die Béchamelsauce zubereiten, während die Nudeln kochen bzw. sie verwenden fertige Sauce.

Pizza ripiena al seitan o soja
(Mit Seitan oder Soja gefüllte Pizza)

Zutaten für 6–8 Personen:

Für den Teig
1 gute Prise Salz
etwas Zucker (ca. 2 TL)
300 g Mehl
150 g weiche Butter
1 Schuss Milch
1/2 Päckchen (ca. 25 g) frische Bierhefe
2 Eier

Für die Füllung
4–5 reife Roma-Tomaten (alternativ 1/2 Dose Pomodori pelati)
1 Mozzarella
ca. 100 g gehackter Seitan
Olivenöl
Salz
Pfeffer aus der Mühle
etwas Margarine
ca. 50 g geriebener Pecorino
einige Basilikumblätter

Den Ofen auf ca. 180 °C vorheizen.
Wir sieben Salz, Zucker und Mehl auf eine saubere Arbeitsplatte und bilden einen „Vulkan". In die Mulde platzieren wir weiche Butterstückchen, in lauwarmer Milch eingeweichte Hefe und Eier. Gut durchkneten. Ist der Teig weich und schön geschmeidig, formen wir einen Ball und stellen ihn für mindestens 2 Stunden zugedeckt an eine warme Stelle.
Wir können nun mit der Vorbereitung für die Füllung anfangen: die Roma-Tomaten für 10 Sekunden in kochendes Wasser legen, schälen und von Kernen befreien. Dann schneiden wir den Mozzarella in dünne Scheiben.
Seitan in einer heißen Pfanne mit etwas Olivenöl gut anrösten.
Tomaten in einer Pfanne mit wenig heißem Olivenöl sowie mit Salz und Pfeffer gewürzt kurz anbraten. Wir nehmen uns den Teig vor und rollen 2/3 davon millimeterdünn aus. Ein mit Margarine eingefettetes Backblech damit belegen.
Abwechselnd Tomatenstücke, Mozzarellascheiben, gehackten Seitan, Pecorino und Basilikumblättern darauf schichten. Wir rollen den restlichen Teig aus und decken die Pizza damit zu.
Ca. 45 Minuten backen.

Vorbereitungszeit ca. 2 Stunden plus 2 Stunden Ruhezeit für den Teig

Pizza ripiena al prosciutto
(Mit schinken gefüllte Pizza)

Zutaten für 6–8 Personen:

Für den Teig
1 gute Prise Salz
etwas Zucker (ca. 2 TL)
300 g Mehl
150 g weiche Butter
1 Schuss Milch
1/2 Päckchen (ca. 25 g) frische Bierhefe
2 Eier

Für die Füllung
4–5 reife Roma-Tomaten (alternativ 1/2 Dose Pomodori pelati)
1 Mozzarella
ca. 150 g italienischer Prosciutto crudo (milde Sorte)
Olivenöl
Salz und Pfeffer aus der Mühle
etwas Schmalz
ca. 50 g geriebener Pecorino
einige Basilikumblätter

Den Ofen auf ca. 180 °C vorheizen.
Wir sieben Salz, Zucker und Mehl auf eine saubere Arbeitsplatte und bilden einen „Vulkan". In die Mulde platzieren wir weiche Butterstückchen, in lauwarmer Milch eingeweichte Hefe und Eier. Gut durchkneten. Ist der Teig weich und schön geschmeidig, formen wir einen Ball und stellen ihn für mindestens 2 Stunden zugedeckt an eine warme Stelle.
Wir können nun mit der Vorbereitung für die Füllung anfangen: die Roma-Tomaten für 10 Sekunden in kochendes Wasser legen, schälen und von Kernen befreien. Dann schneiden wir den Mozzarella in dünne Scheiben und hacken den Prosciutto.
Tomaten in einer Pfanne mit wenig heißem Olivenöl sowie mit Salz und Pfeffer gewürzt kurz anbraten. Wir nehmen uns den Teig vor und rollen 2/3 davon millimeterdünn aus. Ein mit Schmalz eingefettetes Backblech damit belegen. Abwechselnd Tomatenstücke, Mozzarellascheiben, gehackten Schinken, Pecorino und Basilikumblättern darauf schichten.
Wir rollen den restlichen Teig aus und decken die Pizza damit zu.
Ca. 45 Minuten backen.

Vorbereitungszeit ca. 2 Stunden plus 2 Stunden Ruhezeit für den Teig

Das ist eine recht exotische Pizza, eher ein gedeckter herzhafter Kuchen. Die Mutter einer Schulfreundin bereitete sie gern zu, wenn sich mehrere Kinder an Frühlingsnachmittagen in ihrem Garten zum Spielen trafen. Die Kombination von süß und salzig lässt vermuten, dass diese Pizza die Erfindung einer tüchtigen Hausfrau aus der Emilia Romagna sein könnte.

Ofengerichte | 153

Crostata di mozzarella e seitan

(Mürbeteigkuchen mit Mozzarella und Seitan)

Zutaten für einen Kuchen für ca. 6 Personen:

Für den Teig
500 g Mehl
300 g weiche Butter
1 TL Salz

Für die Füllung
300 g Seitan in 1,5 cm dicken Scheiben
80 g Butter
250 g Mozzarella
4 Eier
200 g Sahne
Salz und Pfeffer aus der Mühle
geriebene Muskatnuss
50 g Parmesan

Wir heizen den Ofen auf 180 °C vor.
Für den Mürbeteig verarbeiten wir das durchgesiebte Mehl mit der in Stückchen geschnittenen Butter auf einer bemehlten Arbeitsfläche. Wir sollten schnell sein, damit die Butter nicht unter unseren Händen schmilzt. Den Teig zu einer Kugel kneten und eine Kuhle in die Mitte drücken. Salz und ein paar Löffel kaltes Wasser dazugeben und weiterkneten, bis der Teig glatt und geschmeidig ist – immer so rasch kneten wie möglich. Eventuell noch etwas Wasser dazugeben. Den Teig in Folie gewickelt für ca. 30 Minuten in den Kühlschrank legen.
In der Zwischenzeit rösten wir die Seitanscheiben in einer trockenen Pfanne und drücken vorsichtig die Restflüssigkeit aus. Mit etwas Butter bepinseln und kurz im Ofen grillen, bis sie leicht kross sind. Mozzarella in dünne Scheiben schneiden.
Eier mit der Sahne aufschlagen, mit Salz, Pfeffer und Muskatnuss würzen und beiseite stellen.
Den Teig nochmals kurz durchkneten und dünn ausrollen. So in eine gefettete Auflaufform legen, dass der Teig auch den Rand der Form bedeckt. Den Teig mit einer Gabel reichlich einpieksen.
Wir legen zuerst die Seitanscheiben hinein, darüber die Mozzarellascheiben und gießen die Eier-Sahnemischung darauf. Mit Parmesan bestreuen und Butterflöckchen aufsetzen.
Ca. 45 Minuten backen – sollte die Oberfläche zu schnell Farbe annehmen, stellen wir die Temperatur etwas niedriger oder bedecken den Kuchen mit Alufolie.
Wir servieren noch warm, am besten mit einer leichten Gemüsebeilage.

Vorbereitungszeit ca. 1 Stunde 30 Minuten

Crostata di mozzarella e prosciutto
(Mürbeteigkuchen mit Mozzarella und Prosciutto cotto)

Zutaten für einen Kuchen für ca. 6 Personen:

Für den Teig
500 g Mehl
300 g weiche Butter
1 TL Salz

Für die Füllung
250 g Prosciutto cotto in 2 dicken Scheiben
80 g Butter
250 g Mozzarella
4 Eier
200 g Sahne
Salz und Pfeffer aus der Mühle
geriebene Muskatnuss
50 g Parmesan

Wir heizen den Ofen auf 180 °C vor.
Für den Mürbeteig verarbeiten wir das durchgesiebte Mehl mit der in Stückchen geschnittenen Butter auf einer bemehlten Arbeitsfläche. Wir sollten schnell sein, damit die Butter nicht unter unseren Händen schmilzt. Den Teig zu einer Kugel kneten und eine Kuhle in die Mitte drücken. Salz und ein paar Löffel kaltes Wasser dazugeben und weiterkneten, bis der Teig glatt und geschmeidig ist – immer so rasch kneten wie möglich. Eventuell noch etwas Wasser dazugeben. Den Teig in Folie gewickelt für ca. 30 Minuten in den Kühlschrank legen.

In der Zwischenzeit bepinseln wir die Schinkenscheiben mit etwas Butter und grillen sie kurz im Ofen, bis sie leicht braun sind. Mozzarella in dünne Scheiben schneiden.
Eier mit der Sahne aufschlagen, mit Salz, Pfeffer und Muskatnuss würzen und beiseite stellen.
Den Teig nochmals kurz durchkneten und dünn ausrollen. So in eine gefettete Auflaufform legen, dass der Teig auch den Rand der Form bedeckt. Den Teig mit einer Gabel reichlich einpieksen.
Wir legen zuerst die Schinkenscheiben hinein, darüber die Mozzarellascheiben und gießen die Eier-Sahne-Mischung darauf. Mit Parmesan bestreuen und Butterflöckchen aufsetzen. Ca. 45 Minuten backen – sollte die Oberfläche zu schnell Farbe annehmen, stellen wir die Temperatur etwas niedriger oder bedecken den Kuchen mit Alufolie.
Wir servieren noch warm, am besten mit einer leichten Gemüsebeilage.

Vorbereitungszeit ca. 1 Stunde 30 Minuten

Wir nennen den klassischen Mürbeteig „pasta frolla". Dies ist eine Abwandlung zum Backen herzhafter Kuchen, die im Französischen „pasta brisée" heißt. Dieser Kuchen wird gern im Winter zubereitet, wenn der Körper ein paar Kalorien mehr vertragen kann. Das Rezept stammt von einer Freundin aus Bozen.
Für Eilige: Verwenden Sie einen tiefgekühlten Fertigmürbeteig, dann verkürzt sich die Arbeitszeit!

Sformato di taglierini
(Auflauf von dünnen Bandnudeln mit Schinkentofu)

Zutaten für 4 Personen:

ca. 250 g Champignons
ca. 70 g weiche Butter
Salz und Pfeffer aus
der Mühle
300 g Taglierini
1 1/2 l Milch
3 Eier
150 g grob gehackter,
eingelegter Tofu
(s. Grundrezept S. 183)
2 EL gehackte Petersilie
Muskatnuss nach
Belieben

Den Ofen auf 200 °C vorheizen.

Wir schneiden die sauberen Champignons in dünne Scheiben und braten sie in etwa 1/3 der Butter auf großer Flamme an. Mit Salz und Pfeffer würzen.

In der Zwischenzeit kochen wir die Taglierini für wenige Minuten in heißer, leicht gesalzener Milch al dente.

Abgießen, die Milch beiseite stellen und die Champignons unter die Pasta heben. Wir trennen die Eier und schlagen die Eiweiß zu festem Schnee. Pilze aus der Pfanne nehmen und in derselben Pfanne den Tofu in etwas Butter knusprig anbraten.

In einer großen Schüssel restliche Butter cremig schlagen und langsam ca. 2 Kellen der Kochmilch, die Eigelb, grob gehackten Tofu, Petersilie und Taglierini dazugeben.

Kräftig mit Salz und Pfeffer würzen, manch einer mag noch eine Prise Muskatnuss.

Eiweiß vorsichtig unterheben. Die Mischung in einer gefetteten Auflaufform im Ofen goldbraun backen, aus der Form stürzen und sofort servieren.

*Vorbereitungszeit
ca. 1 Stunde*

Dies ist ein recht simples, aber interessantes Rezept. Die Taglierini, dünne Eierbandnudeln von nur ein paar Milimetern Breite, werden ausnahmsweise in Milch statt in Wasser gekocht. Das Resultat kann sich hervorragend schmecken lassen!

Sformato di taglierini
(Auflauf von dünnen Bandnudeln mit Prosciutto cotto)

Zutaten für 4 Personen:

ca. 250 g Champignons
ca. 70 g weiche Butter
Salz und Pfeffer aus der Mühle
300 g Taglierini
1 1/2 l Milch
3 Eier
100 g grob gehackter Prosciutto cotto (alternativ milder deutscher Kochschinken)
2 EL gehackte Petersilie
Muskatnuss nach Belieben

Den Ofen auf 200 °C vorheizen.
Wir schneiden die sauberen Champignons in dünne Scheiben und braten sie in etwa 1/3 der Butter auf großer Flamme an. Mit Salz und Pfeffer würzen.
In der Zwischenzeit kochen wir die Taglierini für wenige Minuten in heißer, leicht gesalzener Milch al dente.
Abgießen, die Milch beiseite stellen und die Champignons unter die Pasta heben.
Wir trennen die Eier und schlagen die Eiweiß zu festem Schnee.
In einer großen Schüssel restliche Butter cremig schlagen und langsam ca. 2 Kellen der Kochmilch, die Eigelb, grob gehackten Schinken, Petersilie und Taglierini dazugeben.
Kräftig mit Salz und Pfeffer würzen, manch einer mag noch eine Prise Muskatnuss.
Eiweiß vorsichtig unterheben. Die Mischung in einer gefetteten Auflaufform im Ofen goldbraun backen, aus der Form stürzen und sofort servieren.

Vorbereitungszeit ca. 1 Stunde

Sformato (wörtlich übersetzt „aus der Form gestürzt") ist eine Mischung aus Auflauf und Soufflé und wird in einer runden oder ovalen Napfkuchen- oder Backform im Wasserbad gebacken. Basiszutaten sind eine feste Béchamelsauce, Eier (das Eiweiß zu Schnee geschlagen), Fleisch, Fisch oder Geflügel und Gemüse. Die Zubereitung ist etwas langwierig, aber nicht schwer. Wichtig finde ich, alle Zutaten und Werkzeuge parat zu haben und das Timing für den Ofen im Auge zu behalten. Sformato kann bei einem mehrgängigen Essen als Vorspeise oder Zwischengericht gereicht werden. Mit Salat und würzigem Käse wird ein Hauptgericht daraus. Ein trockener, gut gekühlter Weißwein erweist sich als idealer Begleiter.

Dolci
Desserts

Den krönenden Abschluss eines köstlichen Mahls bildet der caffè, ein heißer starker Espresso. Ebenso wenig fehlen dürfen Dolci – Torta di mele, Salame di cioccolato, Semifreddo al caffè, die Auswahl ist groß. In diesem Punkt sind sich alle einig: Auch nach einer opulenten Speisenfolge geht immer noch ein kleines Stückchen Torta, ein bisschen Crema …

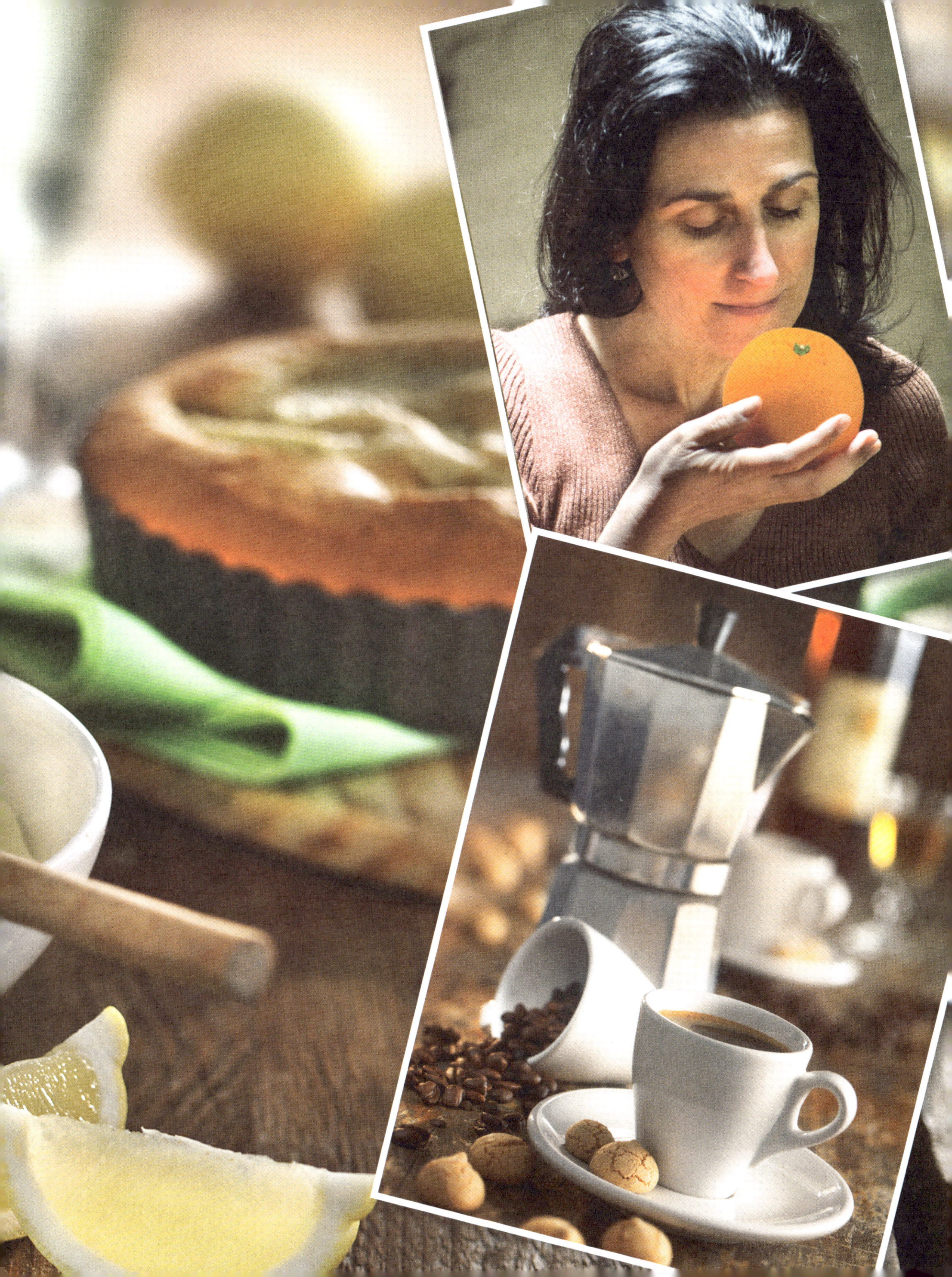

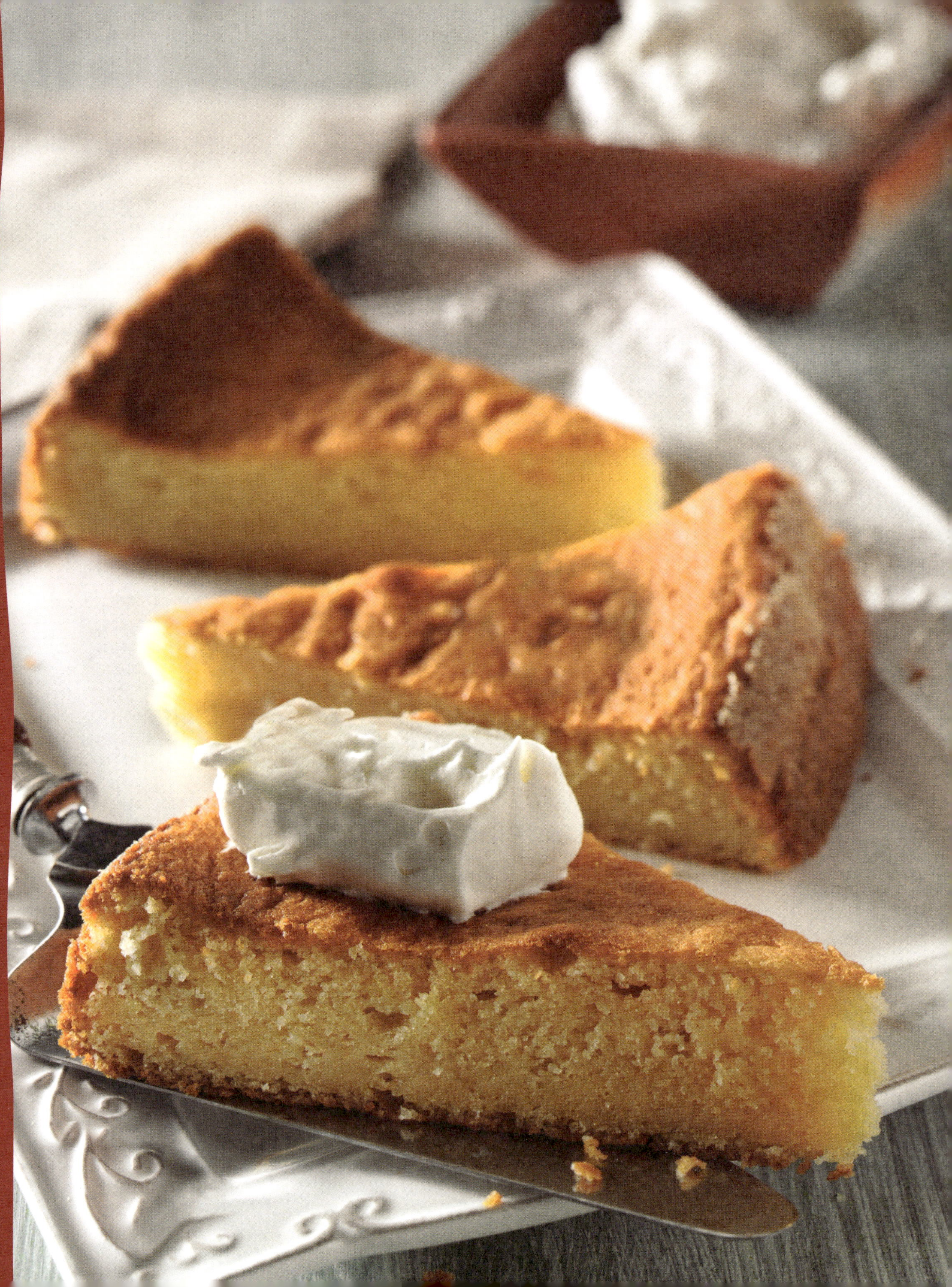

La torta di ricotta al limone di Mimi Okino
(Mimi Okinos Ricotta-Zitronenkuchen)

Der Kuchen ist sowohl warm als auch kalt köstlich. Dazu passen sehr gut Schlagsahne oder heiße Waldbeeren.

Zutaten für einen Kuchen von ca. 28 cm Durchmesser:

120 ml Olivenöl, am besten mit Zitrone aromatisiert
60 g weiche Butter
170 g Zucker
3 Eier
3 unbehandelte Zitronen (abgeriebene Schalen, Saft 1 Zitrone)
250 g Ricotta
125 g Instant-Mehl oder 1/2 TL Backpulver

Ofen auf 180 °C vorheizen. Olivenöl, Butter, Zucker und 3 Eigelb gründlich mischen. Zitronenschalen und -saft zugießen und weiter rühren. Ricotta und steif geschlagene Eiweiß von unten nach oben unterrühren. Mehl und Backpulver zum Teig sieben und vorsichtig unterarbeiten. Eine Backform leicht einfetten und den Teig hineingießen. In ca. 40 Minuten goldbraun backen.

Vorbereitungszeit 20 Minuten plus 40 Minuten Backzeit

Mimi Okino ist eine begnadete Künstlerin, eine großartige Köchin und waschechte New Yorkerin. Vor allem ist sie eine liebe, liebe Freundin. Diesen tollen Kuchen hat sie uns serviert, als wir dort zu Besuch waren und von ihr und ihrem Mann Bill zum Abendessen bekocht wurden. Sie hat mir einiges über die Entwicklung der italienischen Küche im New York der letzten 40 Jahre erzählt: So verdanken die Bewohner der Stadtteile The Village und Chelsea einem gewissen Alfredo Viazzi aus Genua die Erkenntnis, dass ihre Spaghetti mit richtiger Tomatensauce besser schmecken als mit Ketchup. Joe Barnes, ein wunderbarer Freund, Maler und Mimis Nachbar, hat mir Alfredos Kochbuch mit Originalwidmung am selben Abend „vererbt". Die Widmung lautet: „A tavola non s'invecchia!" und bedeutet ungefähr: „Bei Tisch altert man nicht!"

Desserts | 161

Torta di mele
(Apfelkuchen)

Ich genieße meinen Kuchen pur, mein Liebster bevorzugt die deutsche Variante mit viiiieell Schlagsahne.

Zutaten für einen Kuchen von 28 cm Durchmesser:

150 g Butter
1 kg Äpfel
150 g Zucker
150 g Mehl
1 TL Backpulver
1 P. Vanillinzucker
2 Eier
1 guter Schuss Milch
Paniermehl für die Form

Ofen auf 180 °C vorheizen. Butter in einer größeren Schale im Wasserbad zum Schmelzen bringen. Äpfel schälen und in dünnen Scheiben schneiden oder hobeln. Mit einem sauberen Geschirrtuch zudecken, damit sie nicht zu braun werden.

Ca. 1/3 der zerlassenen Butter mit 50 g Zuckers für später beiseite stellen. 100 g Zucker in die Schüssel mit der übrigen Butter geben und schaumig rühren. Mehl mit dem Backpulver und Vanillinzucker dazu sieben, gut verrühren. Eier trennen und 2 Eigelb sowie einen guten Schuss Milch untermischen – der Vorteig soll ziemlich dickflüssig werden.

Eiweiß zu Schnee schlagen und von unten nach oben in den Teig einrühren. Eine Backform mit Butter einfetten und mit Paniermehl bestreuen.

Den Teig in die Form gießen und mit Apfelscheiben „bergartig" belegen. Die Butter-Zucker-Emulsion darüber verteilen. Für ca. 1 Stunde backen. Ich kontrolliere immer nach ca. 45 Minuten: Werden die oberen Äpfel zu dunkel, lege ich für die restliche Backzeit Alufolie darüber.

Vorbereitungszeit gute 30 Minuten plus 1 Stunde Backzeit

Ich backe diesen Kuchen seit ich denken kann! Das ursprüngliche Rezept stammt aus der „Enciclopedia della donna", die „Hausfrauenbibel" der 1960er-Jahre in 20 Bänden. Meine Mutter fand vor einigen Jahren die komplette Sammlung auf einem Kirchenflohmarkt und kaufte sie für mich. Wir haben sie vor einigen Jahren unter heftigem Kopfschütteln meines Mannes aus Italien nach Köln geschleppt. Da gibt's halt nichts zu verstehen, ein Teil meiner Kindheit ist jetzt wieder bei mir!

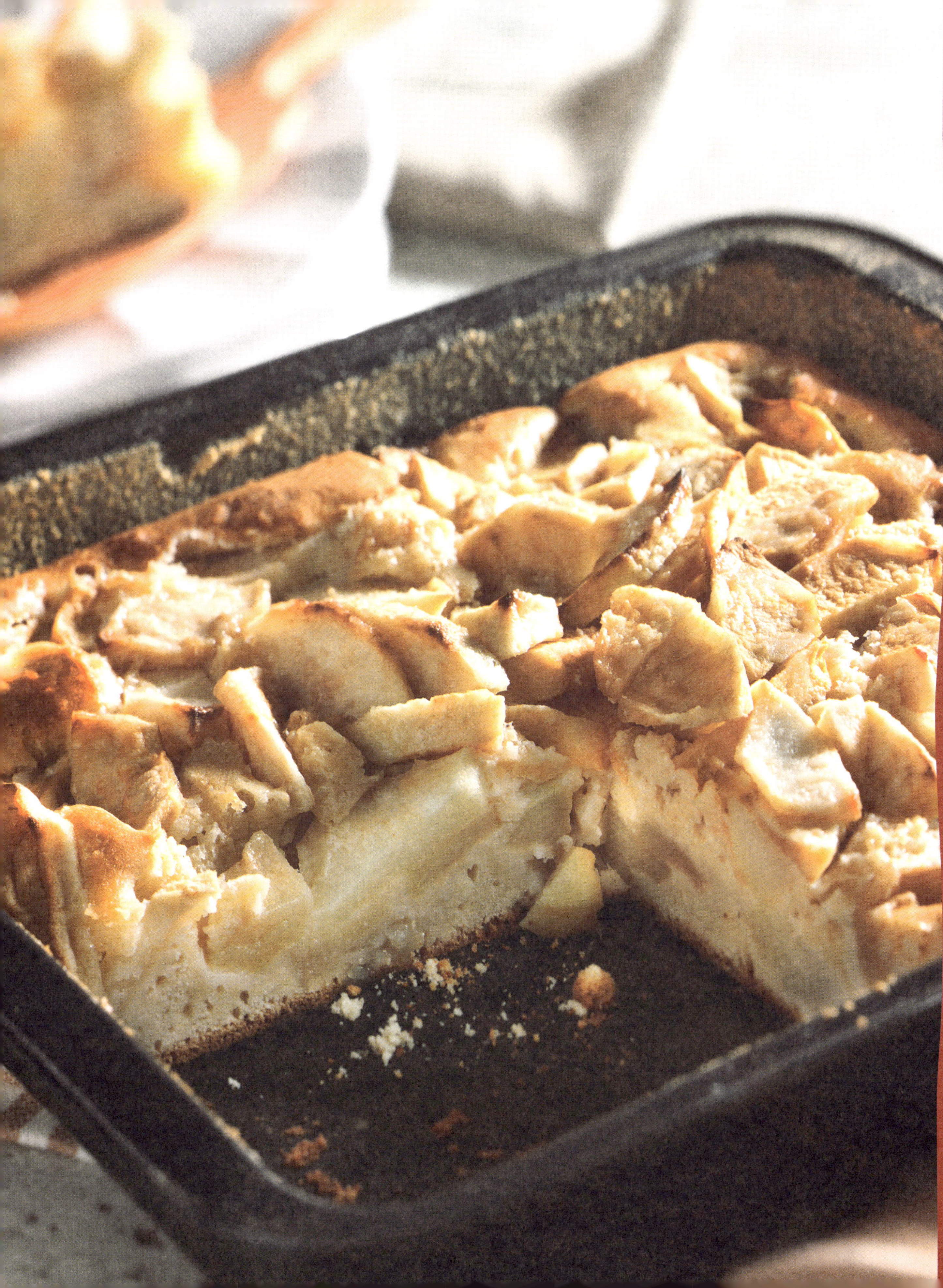

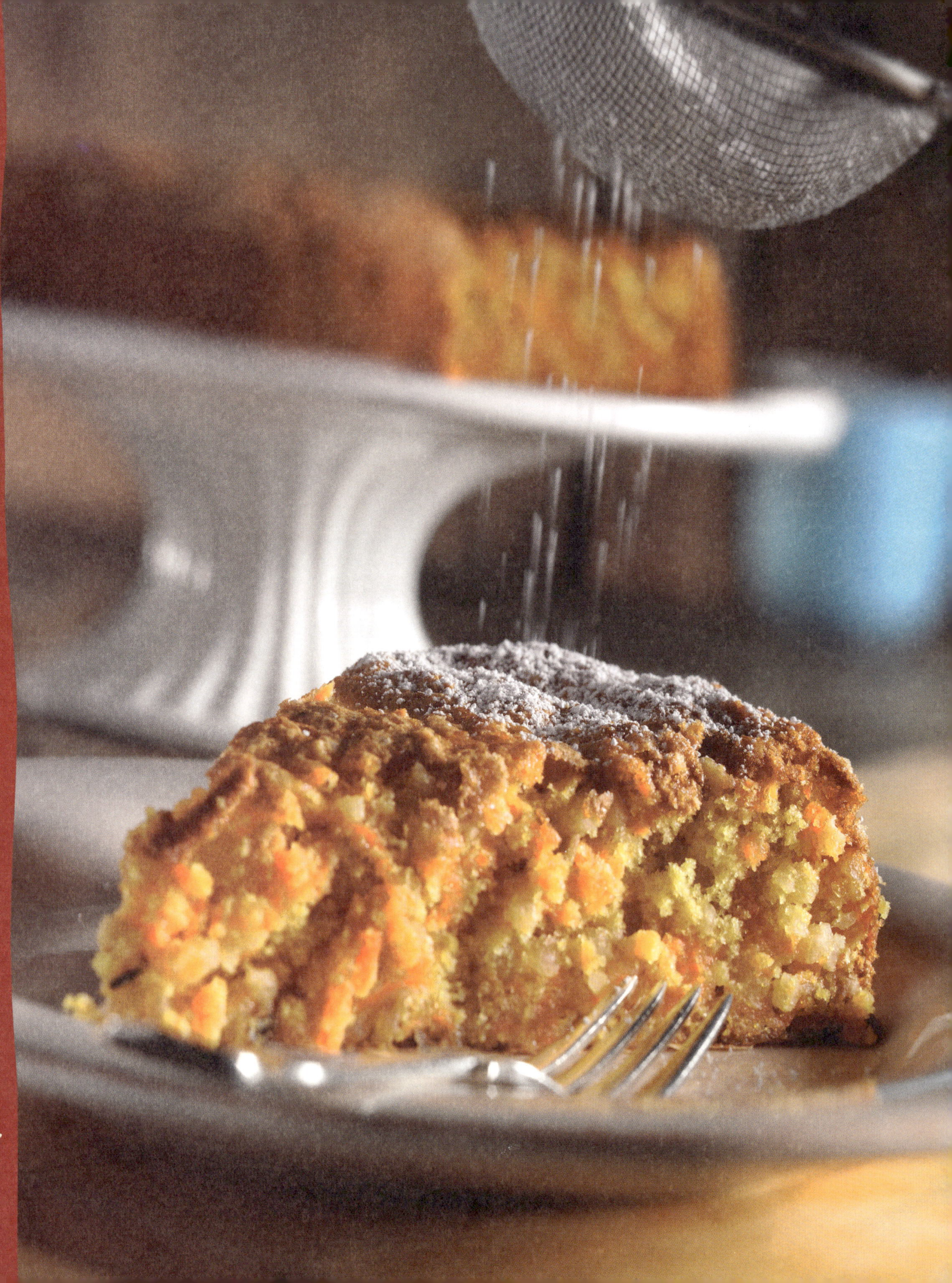

Torta di carote
(Mohrrübenkuchen)

Zutaten für einen Kuchen von ca. 24 cm Durchmesser:

3 Eier
400 g Mohrrüben
200 g Zucker
200 g Mandeln, klein gehackt
abgeriebene Schale 1/2 Bio-Zitrone
2 EL Milch
100 g Mehl
2 TL Backpulver
Puderzucker
Butter und Paniermehl für die Backform

Vorbereitungszeit 30 Minuten plus 30 Minuten Backzeit

Ofen auf 180 °C vorheizen. Eier trennen und Eiweiß zu Schnee schlagen. Mohrrüben gründlich putzen und grob reiben. Eigelb und Zucker cremig schlagen, Mandeln, Mohrrüben und Zitronenschale unterrühren. Milch und gesiebtes Mehl sowie Backpulver hinzufügen. Die geschlagenen Eiweiß heben wir vorsichtig von oben nach unten löffelweise unter. Eine Backform mit Butter einfetten und mit Paniermehl bestreuen. Teig einfüllen und ca. 30 Minuten backen. Nach dem Abkühlen stürzen wir den Kuchen aus der Form und bestreuen ihn mit Puderzucker.

Desserts | 165

Il salame di cioccolato (Schokoladenrolle)

Zutaten für eine größere Rolle:

200 g Butterkekse
2 Eigelb
2 EL Puderzucker
3 EL bitterer Kakao
nach Belieben 1 Schnapsglas guter Rum
100 g weiche Butter
80 g grob gehackte Mandeln oder Walnüsse
1 Blatt Backpapier

Wir zerbröseln die Kekse mit den Händen in kleine Stücke und stellen sie beiseite.

Eigelb mit Puderzucker cremig schlagen. Kakao und ggf. Rum dazugeben und weiterrühren.

Jetzt mischen wir die weiche Butter und die Mandeln darunter und als letztes geben wir die Kekse dazu, möglichst ohne die ganz feinen Krümel. Sorgfältig mischen, das Ganze auf ein Blatt Backpapier geben und zu einer „Salami" wickeln. Wir stellen das Paket für einige Stunden in den Kühlschrank. Die Schokoladenrolle in ca. 1,5 cm dicke Scheiben schneiden und auf einem Teller servieren.

Vorbereitungszeit ca. 20 Minuten plus mindestens 2 Stunden Kühlzeit

Dies ist ein klassisches Kinderrezept, sehr einfach und schnell zuzubereiten. Jeder kennt es in Italien – es wird gern zu Kindergeburtstagen vorbereitet, schmeckt mit einem Schuss Rum verfeinert aber auch als Dessert zu einem Espresso. Es gibt unzählige Variationen; ich gebe hier das Rezept meiner Kusine Elisabetta aus Bozen weiter, die es mir in Kindertagen für mein Kochheft am Telefon diktierte.

Desserts | 167

Semifreddo al caffè
(Halbgefrorenes mit Kaffee)

Zutaten für 4–6 Personen:

3 Espressotassen mit starkem Espresso
100 g Löffelbiskuits
3 EL Cognac
2 Eier
100 g Puderzucker
250 g Mascarpone
100 g Mandelstifte

1 EL Espresso für die Creme aufbewahren.
Ich gieße 1–2 EL Espresso in eine Form und lege eine Schicht Löffelbiskuits darauf. Mit einem Löffel verteile ich gleichmäßig den restlichen Espresso, gemischt mit 2 EL Cognac, darüber. Die Kekse sollen gut feucht, aber nicht zu nass werden.
Eier trennen und die Eigelb mit Puderzucker cremig rühren, den Mascarpone dazugeben und weiterrühren. Jetzt gebe ich tropfenweise 1 EL Espresso zu der Creme und rühre weiter. 1 EL Cognac ebenfalls tropfenweise unterrühren. Zu Schnee geschlagene Eiweiß sehr vorsichtig unterheben.
Die Mandelstifte kross rösten und kurz abkühlen lassen, bevor wir sie über die Creme streuen. Die Form mit Alufolie bedeckt ins Tiefkühlfach stellen. Wir servieren die Kaffeecreme halbgefroren in Schälchen oder auf Desserttellern.

Vorbereitungszeit
ca. 30 Minuten plus
ca. 3 Stunden Kühlzeit
(je nach Einstellung des Tiefkühlfachs)

Auch dieses Rezept stammt aus dem Fundus meiner Kusine Elisabetta und landete vor vielen Jahren in meinem Kochheft. Eine willkommene Alternative zum traditionellen Tiramisù! Ich habe irgendwann eher zufällig die halbgefrorene Version kreiert, weil mir die Creme zu flüssig geriet. Mein Lieblingstester, mein Mann, fand diese Variante viel spannender als das Original, also ... Wir müssen mit dem Timing aufpassen, denn wenn das Dessert zu lange im Kühlfach steckt, wird's zu hart – das ist nicht mehr so charmant.

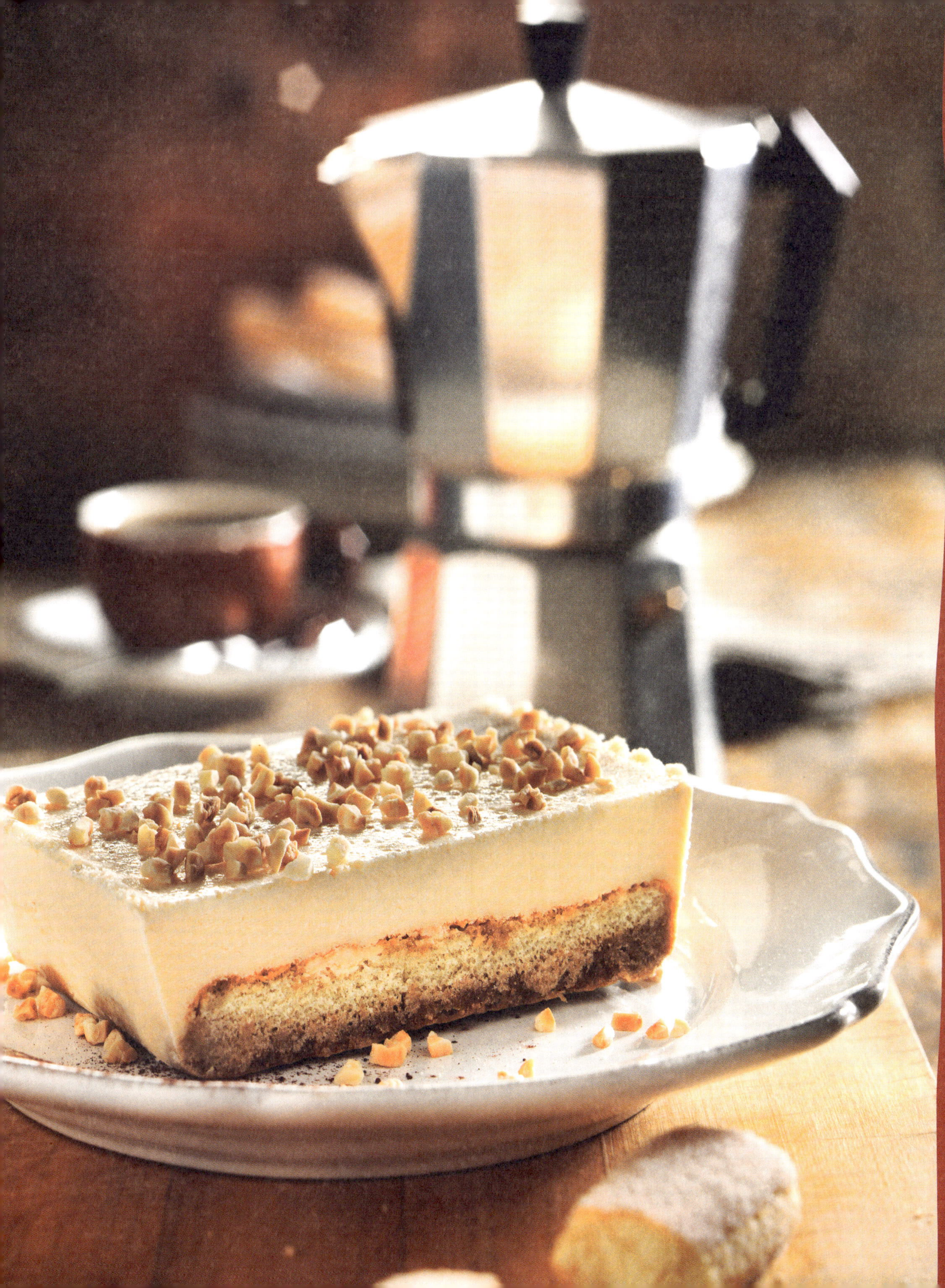

Meine liebe Freundin Barbara aus Köln hat mir das Rezept für dieses Buch empfohlen, sie wiederum hat es von einem Freund aus der Schweiz, der sich in Südamerika irgendwann mit einem italienischen Priester anfreundete, der es ihm seinerseits nur unter dem Vorbehalt verriet, dieses streng geheime Zitronencreme aus dem Vatikan so lange nicht zu verraten, bis ein gewisser Papst noch lebe. Ich nehme an, dieses Versprechen ist eingehalten worden.

La crema al limone di sua sanitá
(Päpstliche Zitronencreme)

Zutaten für 4 Personen:

2 EL Stärkemehl
4 ml kaltes Wasser
4 EL Zucker
2 Eier
2 Bio-Zitronen
(Saft und Schale)
1–2 g Schlagsahne

Wir verschlagen mit einem Schneebesen Stärke mit kaltem Wasser. Zucker und verquirlte Eier hinzufügen. Die saubere und trockene Schale der Zitronen (nur das Gelbe!) reiben wir dazu und bringen die Creme unter ständigem Schlagen zum Kochen.
In eine Schüssel füllen und komplett abkühlen lassen. Sobald die Creme kalt ist, fügen wir vorsichtig den Saft der Zitronen hinzu, je nach Geschmack mehr oder weniger. Ich nehme den Saft einer Zitrone, Barbara nimmt den Saft beider. Dann ziehen wir sorgfältig die steif geschlagene Sahne unter. Wir servieren in kleinen Schälchen – sehr erfrischend!

Vorbereitungszeit
15 Minuten plus
ca. 2–3 Stunden Kühlzeit

Limoncello
(Zitronenlikör)

Wir waschen und trocknen die Zitronen sorgfältig, dann schälen wir sie hauchdünn mit einem guten Sparschäler. Dabei achten wir darauf, nur das Gelbe der Schale abzuziehen, damit der Likör nicht bitter wird. Wir lassen die Schalen in einem verschließbaren Gefäß mit dem Alkohol an einem dunklen Ort etwa 10–11 Tage ziehen.

Nun bringen wir das Wasser mit dem Zucker zum Kochen, bis die Mischung sirupartig wird. Abkühlen lassen und mit durch ein Tuch gefiltertem Zitronenalkohol mischen. Wir pressen dabei den letzten Saft aus den Zitronenschalen und filtern den Saft einer Zitrone ebenfalls durch das Tuch dazu. In saubere Flaschen füllen und mit einem Korken dicht verschlossen an einem dunklen Ort bis zum Verzehr aufbewahren.

Vorbereitungszeit ca. 30 Minuten plus 10–11 Tage zum Durchziehen

Zutaten für 2 l:

7 Bio-Zitronen
1 l 90 %iger Alkohol (neutraler Geschmack, ggf. aus der Apotheke)
1 l Wasser
1 kg Zucker (Tante Berta nimmt nur 800 g)

So macht meine Tante Berta in Cortina ihren Limoncello! Ich kenne viele Sorten, aber ihrer schmeckt mir am besten. Vielleicht liegt das am tollen Wasser und der guten Bergluft oder einfach daran, dass er mit viel Liebe und Freude zubereitet wird. Da die Herstellung einige Zeit in Anspruch nimmt, produziert sie direkt eine größere Menge und füllt diese in 300- bis 500-ml-Flaschen ab. Die Fläschchen, mit einem schönen goldenen Stift beschriftet, verteilt sie unter Familie und Freunden. Eine nette Idee!

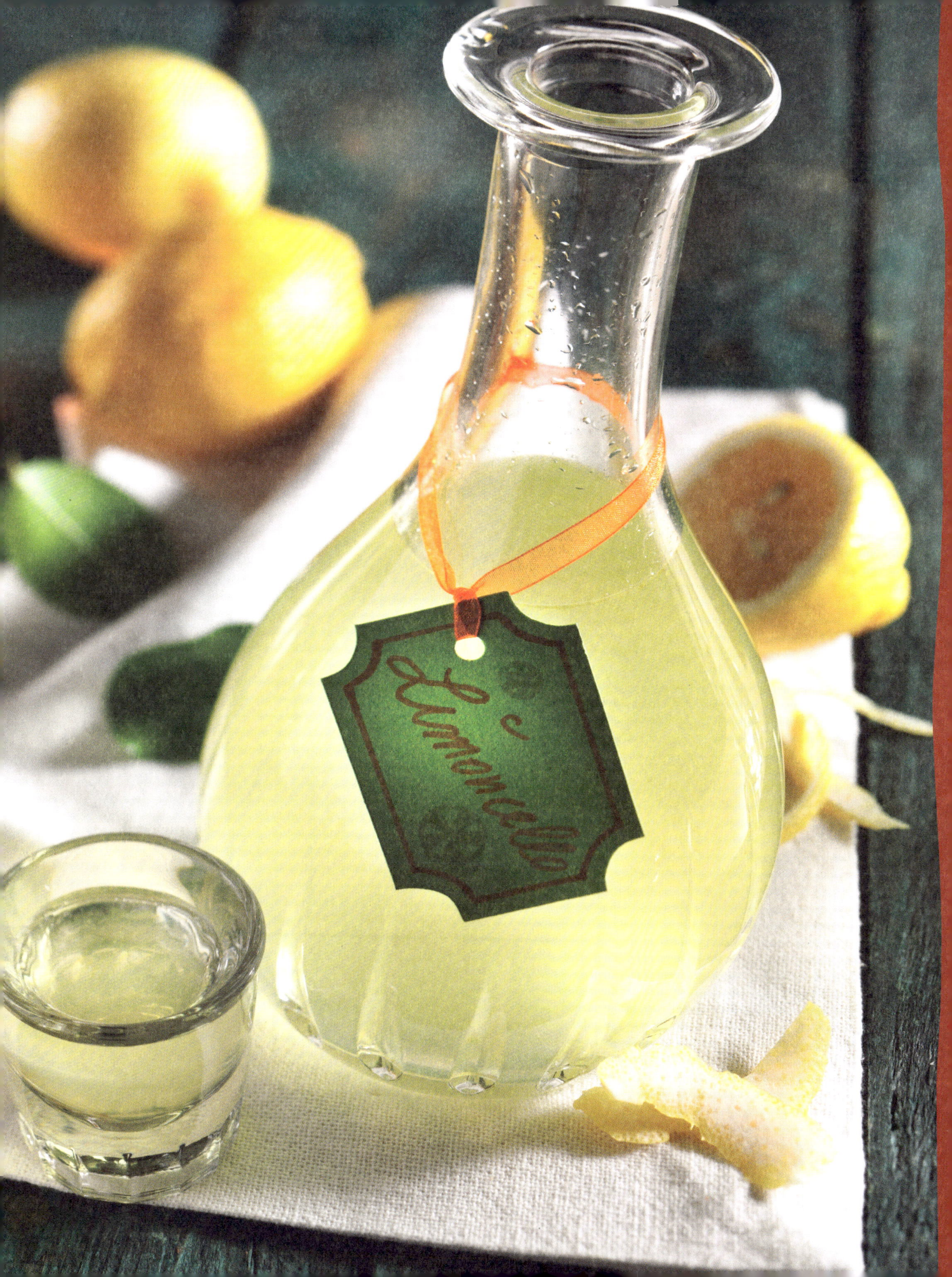
Limoncello

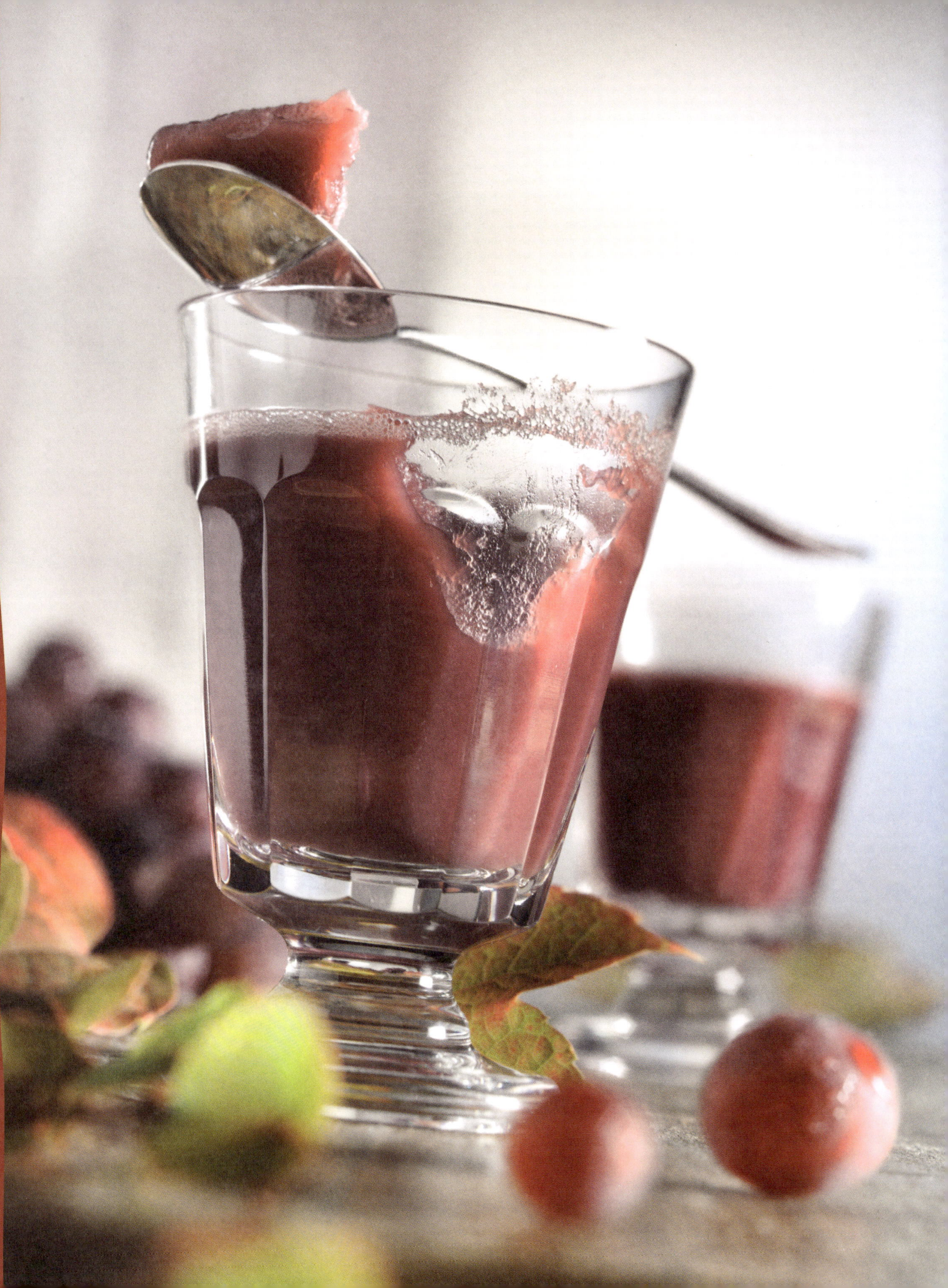

I sughi d´uva
(Traubenmostgelee)

Wir lösen das Mehl mit etwas Traubenmost in einem Schälchen, sodass sich keine Klumpen bilden. Dann mischen wir es in einem Kochtopf mit dem restlichen Most und eventuell Zucker. Unter Rühren mit einem Schneebesen aufkochen, bis die Flüssigkeit immer sämiger wird. Auf kleinster Flamme unter ständigem Rühren noch ca. 4 Minuten köcheln.
Wir gießen die Flüssigkeit entweder in eine große Schale oder direkt in mehrere Schälchen und lassen sie abkühlen. Das Gelee hält im Kühlschrank einige Tage, viele meinen sogar, es schmecke am zweiten Tag noch besser. I sughi sollten schön fest werden, ideal dazu ist ein Wein der gleichen Traubensorte.

Vorbereitungszeit ca. 20 Minuten plus einige Stunden Abkühlzeit

Zutaten:

ca. 80 g Mehl
1 l roter Traubenmost oder Traubensaft (süß)
eventuell 1–2 EL Zucker

Dies ist eines der urtypischen Traditionsrezepte der Emilia Romagna. Ältere Frauen bereiten es zur Zeit der Weinernte zu, wenn sie den frischen roten Traubenmost von der örtlichen Kellerei beziehen können. Für uns „Zugewanderte" waren die sughi exotisch und meine Mutter ist immer noch ein richtiger Fan davon. Die Saison dauert höchstens zwei bis drei Wochen, aber einige fleißige Damen frieren den Most in Plastikflaschen ein. Er hält sich so fast ein ganzes Jahr, bis zur nächsten Weinernte. Ich habe in einer modernen Variante Gelee von rotem Biotraubensaft verwendet. Gar nicht so schlecht!

Desserts | 175

Ricette base
Grundrezepte

Typisch italienische Mahlzeiten ohne Sugo al pomodoro oder Pasta in ihrer ganzen Vielfalt, ohne Polenta oder Ragú? Vegetarische Küche ohne Seitan, Tempeh oder Tofu? Undenkbar!
Praktisch: Diese leicht nachzuvollziehenden und zuzubereitenden Grundrezepte sind die Basis der Rezepte in den vorangegangenen Kapiteln. **Einfach:** Die Grundrezepte helfen, einen Vorrat an immer wieder benötigten Zutaten parat zu haben oder auch einmal zeitlich etwas aufwändigere kulinarische Kreationen vorzubereiten. **Inspirierend:** Die Grundrezepte sind zugleich Anregung, auf dieser Basis einfach einmal eigene Rezeptideen mit frischen Lieblingszutaten oder -gewürzen auszuprobieren.

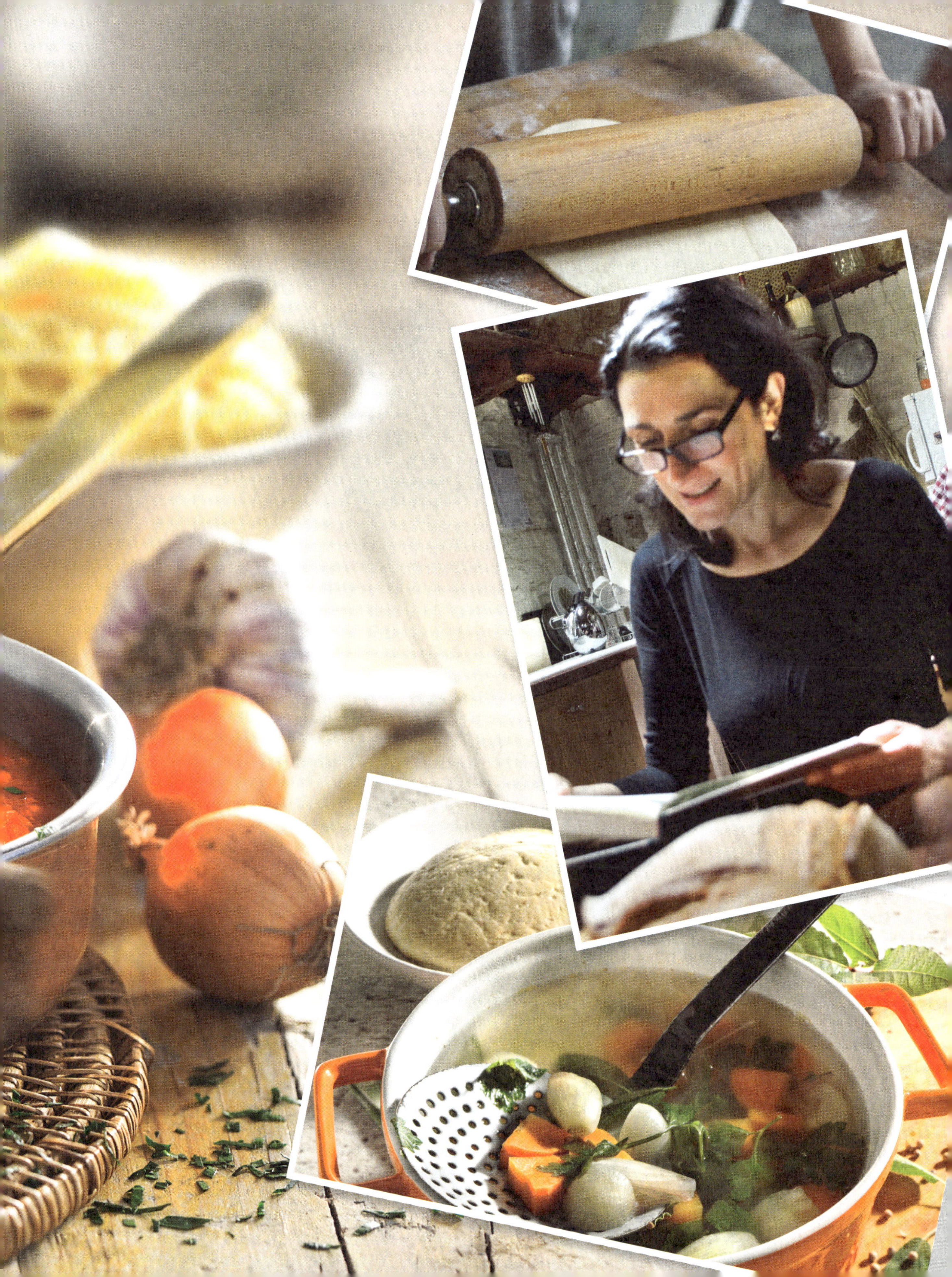

Impasto per seitan
(Seitanteig)

Wir kneten in ca. 10 Minuten einen Teig aus Mehl und Wasser, bis wir eine geschmeidige Kugel erhalten. In eine große Schüssel legen, die wir mit warmem Wasser füllen, bis der Teig vollkommen bedeckt ist. Das warme Wasser zieht schon jetzt die Stärke aus dem Teig. 30 Minuten ruhen lassen. Inzwischen können wir den Sud zubereiten (s. Grundrezept S. 180).

Nach 30 Minuten den Teig in dem noch warmem Wasser kneten. Das Wasser wird sehr schnell milchig und wir ersetzen es durch kaltes. Der Teig fängt an, auseinander zu fallen und wir fangen die Teigfetzen beim Wasserwechsel in einem Sieb auf. Wasser mehrmals wechseln und dabei abwechselnd kaltes und warmes Wasser auffüllen. Jeweils weiterkneten, bis das Wasser milchig wird. Den Vorgang so lange wiederholen, bis das Wasser klar bleibt. Der letzte „Waschgang" sollte unter kaltem Wasser geschehen. Der gesamte Prozess nimmt ca. 20 Minuten in Anspruch.

Beim Weiterkneten wird aus den Teigfetzen wieder eine leicht schwammige Masse, deren Gewicht sich am Ende auf ca. 400 g reduziert. Nach dem Kochen im Sud wird es wieder auf ca. 550 g steigen.

Unseren Teig geben wir jetzt zu kleinen „Schnitzeln", gulaschartigen Stücken oder zu 2–3 größeren Stücken geformt in den Sud, der mittlerweile ca. 20 Minuten geköchelt hat. Die Stücke sollten groß genug sein, damit sie nicht aneinander kleben. Im normalen Topf koche ich den Seitan gut zugedeckt ca. 45 Minuten, erst 15 Minuten auf großer Flamme, die restliche Zeit auf kleiner. Nach der Kochzeit langsam auf Raumtemperatur abkühlen. Die Seitanstücke quellen auf, ihre Konsistenz ist porös. Im Schnellkochtopf koche ich ihn 45 Minuten nach dem ersten Pfiff und lasse ihn während des Druckabfalls nochmals ca. 45 Minuten ruhen. Hier werden die Stücke flacher und die Konsistenz ist fester.

Den Seitan vor der Weiterverarbeitung gründlich ausdrücken, umso besser nimmt er die Aromen des Gerichts auf. Wirkt er zu nass, röste ich ihn kurz in einer heißen Pfanne mit einem Tropfen Öl und drücke die restliche Flüssigkeit mit einem Holzlöffel sanft aus. Ich lasse den Seitan in seinem Sud gut verschlossen im Kühlschrank 2 Tage weiter marinieren, bevor ich ihn benutze bzw. einfriere.

Einen Teil des abgekühlten Suds und des Seitans können wir in einer gut verschlossenen Box in den Kühlschrank stellen, wo sich der Seitan eine Woche frisch hält. Wir können ihn auch portioniert mit etwas Kochsud in Gefrierbeuteln einfrieren.

Vorbereitungszeit
ca. 2 Stunden plus 2 Tage
Marinierzeit (optional)

Zutaten für
ca. 550 g Seitan:

1 kg Weizenmehl
600 ml Wasser

Zur Herstellung von Seitan benötigen wir kein Vollkornmehl, da die Ballaststoffe ohnehin ausgewaschen werden. Manches Rezept sieht eine Prise Salz vor, aber durch das Kochen in Sud nimmt der Teig genug Geschmack an, ich finde, er wird dadurch nur zäher. Warmes Wasser zieht die Stärke aus dem Teig, kaltes lässt ihn sich wieder zusammenziehen. 550 g Seitan reichen zusammen mit anderen Zutaten für eine Mahlzeit für 4 Personen; bei Fleischgerichten nehme ich etwas weniger, z. B. für 800 g Fleisch etwa 600 g Seitan.

Seitan macht uns nicht nur gesünder, sondern auch fit: Ihre Bizeps werden sich nach der Kneterei anfühlen, als hätten Sie mit Hanteln und Gewichten trainiert!

Brodo per seitan
(Seitansud)

Falls wir keine frischen Kräuter zur Hand haben, nehmen wir ersatzweise getrocknete (ca. 1 TL pro Zweig oder pro 4 Blätter). Ich benutze fürs Kochen eine Gewürzkugel oder ein fest zugebundenes Leinensäckchen.

Wir putzen das Gemüse und kochen alle Zutaten 5 Minuten kräftig auf, bevor wir den ausgewaschenen Seitanteig (s. Grundrezept S. 178) hineinlegen. Dann 10 Minuten kräftig kochen und danach auf kleiner Flamme 30 weitere Minuten köcheln. Abkühlen lassen.

Wir können den Seitan sofort verwenden oder ihn mit dem Sud 2 Tage in einer gut verschließbaren Dose in den Kühlschrank stellen und ziehen lassen. Er wird dadurch fester und hält sich eine Woche. Möchten wir den Seitan einfrieren, portionieren wir ihn in Gefrierbeuteln zusammen mit ein paar Löffeln Sud.

Der Sud eignet sich hervorragend als Basis für Suppen und Saucen, also aufbewahren! An kalten Tagen trinke ich ihn als Tee.

Vorbereitungszeit
5 Minuten plus
ca. 45 Minuten
Kochzeit plus ca.
1 Stunde Abkühlzeit

Zutaten für Sud
(für Seitan aus 1 kg Mehl):

4 Schalotten
1 mittelgroße Möhre
2 l Wasser
2 Zweige Thymian
2 Lorbeerblätter
4–5 Salbeiblätter
1 Handvoll Petersilie
2–3 TL grobes Salz (je nach Würzintensität)
2 TL weiße Pfefferkörner
1 Glas trockener Weißwein

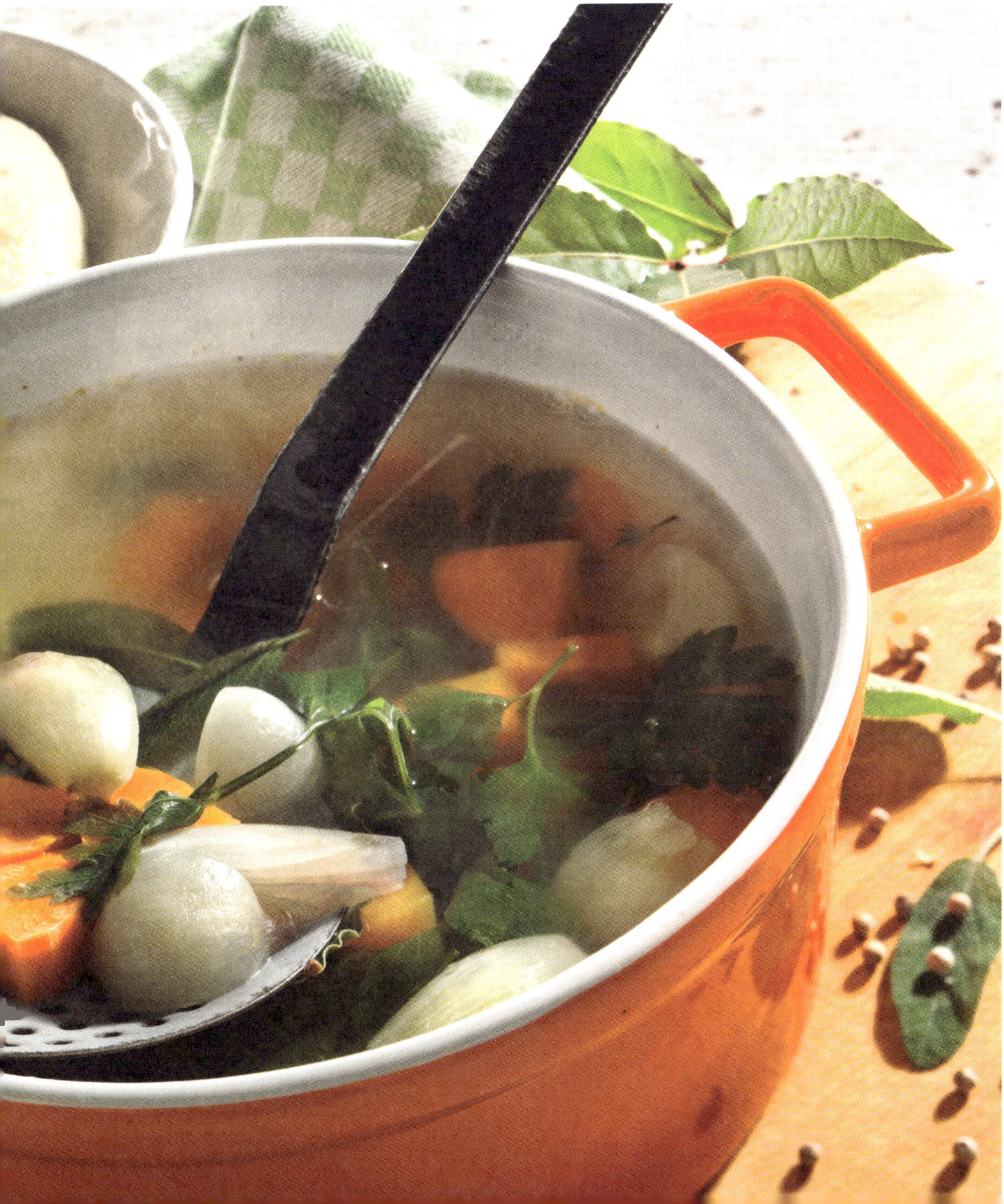

Marinata per pesce / Filetti di tofu

(Grundmarinade für Fisch/Tofufilets)

Zutaten für 2 Personen:

400 g (ergibt 5–6 Filetscheiben) frischer Tofu am Stück oder aus dem Bio-Laden (eine nicht zu feste Sorte, z. B. der Firma „Taifun")
1/3 l Gemüsebrühe (1 Würfel)
ca. 10 zerdrückte rote Pfefferkörner
1 knapper TL grobes Salz
3 Salbeiblätter
1 Thymianzweig
2 zerdrückte Knoblauchzehen
1 guter Schuss Olivenöl
1 Prise (1 gestr. TL) Ijiki-Algen (für das „Meergefühl")
1/2 Glas trockener Weißwein oder Prosecco
1 Würfel Tofukäse
1 kleiner Schuss Sojasauce

Achtung: Die Marinierzeit hängt ganz individuell von den jeweiligen Rezepten ab und ist bei diesen angegeben.

Wir kochen die Gemüsebrühe mit allen Zutaten außer Tofuscheiben, Wein, Tofukäse und Sojasauce ca. 15 Minuten auf niedriger Flamme auf. Vom Feuer nehmen, Thymianzweig entnehmen, Wein, Tofukäse und Sojasauce dazugeben und gründlich pürieren.

Die Tofufilets legen wir in eine gut verschließbare Vorratsdose und übergießen sie mit der leicht abgekühlten Marinade. Falls die Scheiben nicht komplett bedeckt sind, können wir entweder die Marinademenge um die Hälfte erhöhen oder die Filets ab und an wenden (ich verschwende ungern Zutaten).

Wir lassen das Ganze komplett abkühlen, bevor wir die Dose verschließen und auf Raumtemperatur ziehen lassen, wenn wir den Tofu am folgenden Tag zubereiten wollen. Falls wir ihn erst 2 Tage später benutzen wollen, stellen wir die Dose lieber in den Kühlschrank.

Vorbereitungszeit ca. 15 Minuten plus Marinierzeit (mindestens 24 Stunden, besser 36 Stunden)

Marinata per prosciutto cotto/tofu
(Grundmarinade für Kochschinken/Tofu)

Ein Wort vorweg über die Marinaden: Manche Zunge mag es kräftiger, manche milder. Die Zutaten sollten nicht untereinander „kämpfen", sondern harmonieren. Jeder sollte für sich herausfinden, was ihm harmonisch erscheint.

Zutaten für 4 Personen:

100 g frischer Tofu oder Tofu aus dem Bio-Laden (ruhig eine festere Sorte, 1/2 cm große Würfel)
1/3 l Gemüsebrühe (1 Würfel)
1 TL Majoran
ca. 10 zerdrückte schwarze Pfefferkörner
1 TL grobes Salz
1/2 TL Zucker (ich nehme Puderzucker, der ist einfacher aufzulösen)
1/2 Glas Weißwein
1 EL Sojasauce

Wir kochen die Gemüsebrühe mit allen Zutaten außer den Tofuwürfeln, Wein und Sojasauce ca. 15 Minuten auf niedriger Flamme auf. Vom Feuer nehmen, Wein und Sojasauce dazugeben und gründlich pürieren.
Wir geben die Tofuwürfel in eine gut verschließbare Vorratsdose und begießen sie mit der leicht abgekühlten Marinade.
Das Ganze komplett abkühlen lassen, bevor wir die Dose verschließen und auf Raumtemperatur ziehen lassen, wenn wir den Tofu am folgenden Tag zubereiten wollen. Falls wir ihn erst 2 Tage später benutzen wollen, stellen wir die Dose lieber in den Kühlschrank.

Vorbereitungszeit ca. 15 Minuten plus Marinierzeit (mindestens 24 Stunden)

Marinata per pancetta/tempeh
(Marinade für Pancetta-Bauchspeck/Tempeh)

Zutaten für Ersatz einer Scheibe Speck:

3–4 Scheiben Tempeh (ca. 1/2 cm dick)
Salz und Pfeffer aus der Mühle
1 guter Schuss Sonnenblumenöl
2 EL Olivenöl
1 Spritzer Sojasauce
1 Msp. (nach Geschmack auch mehr) Sambal Olek (in diesem Fall besser als trockener Peperoncino)
1 Schuss Aceto balsamico

Tempeh in dünne Streifen schneiden, mit Salz und Pfeffer würzen.
Wir gießen etwas Sonnenblumenöl darüber (er soll gut „geölt" sein und nicht im Öl schwimmen!) und mischen gründlich.
Dann, und erst dann, träufeln wir etwas Sojasauce darüber und mischen nochmals gründlich. Tempeh in „trockenem" Zustand saugt sofort jede Art von Flüssigkeit auf und zwar nur auf der Stelle, auf der sie landet, deswegen erst das Öl – es zieht nicht so leicht ein – und dann die flüssige Sojasauce.
Während das Ganze kurz mariniert, erhitzen wir ca. 2 EL Olivenöl, und geben Sambal Olek dazu. Sobald es fröhlich brutzelt, legen wir den marinierten Tempeh hinein. Er soll schön knusprig-scharf von allen Seiten angebraten sein, bevor wir einen Schuss Balsamico darübergeben. Jetzt können wir den Tempeh als Speckersatz weiterverarbeiten.
Möchte ich Tempeh als Lebererersatz verwenden, mariniere ich ihn etwa 15 Minuten in Salz, Pfeffer und Sonnenblumenöl. Danach wird er wie Leber verarbeitet.

Vorbereitungszeit ca. 10 Minuten plus 10 Minuten Marinierzeit

Grundrezepte

Sugo al pomodoro 1
(Tomatensauce 1)

Zutaten für 500 g Pasta:

1 Dose (400 g) Pomodori pelati
Olivenöl zum Braten und Beträufeln
1 Handvoll Petersilie, fein gehackt
3 Knoblauchzehen, fein gehackt
Salz und Pfeffer aus der Mühle
1/2 Würfel Gemüsebrühe (bei Bedarf)
Parmesan zum Bestreuen

Wir zerkleinern die Pomodori pelati mit den Fingern und entfernen dabei die harten Teile.
In einem Topf erhitzen wir das Öl und braten darin die Petersilie-Knoblauch-Mischung an. Die Tomaten dazugeben und mit Salz und Pfeffer abschmecken. Eventuell Brühwürfel hinzufügen.
Gründlich umrühren und zugedeckt ca. 20 Minuten leise köcheln lassen.
In der Zwischenzeit kochen wir die Pasta.
Sauce und Pasta in einer Schüssel gründlich mischen. Mit etwas frischem Olivenöl beträufeln und mit frisch geriebenem Parmesan bestreut servieren. Schnell, einfach und sehr schmackhaft!

Vorbereitungszeit ca. 20 Minuten

Auch dieses Rezept stammt von meiner Mutter, die in der Woche wenig Zeit zum Kochen hatte, doch immer frisch gekochte Gerichte zu Mittag auftischte.

Die angegebenen Mengen können verdoppelt, gar verdreifacht werden. Die Sauce kann portioniert eingefroren werden, sie verliert nichts von ihrem Aroma! Man kann statt der Pomodori pelati auch passierte Tomaten nehmen, aber ich mag es lieber, wenn die Sauce durch die Tomatenstücke etwas Biss hat.

Grundrezepte

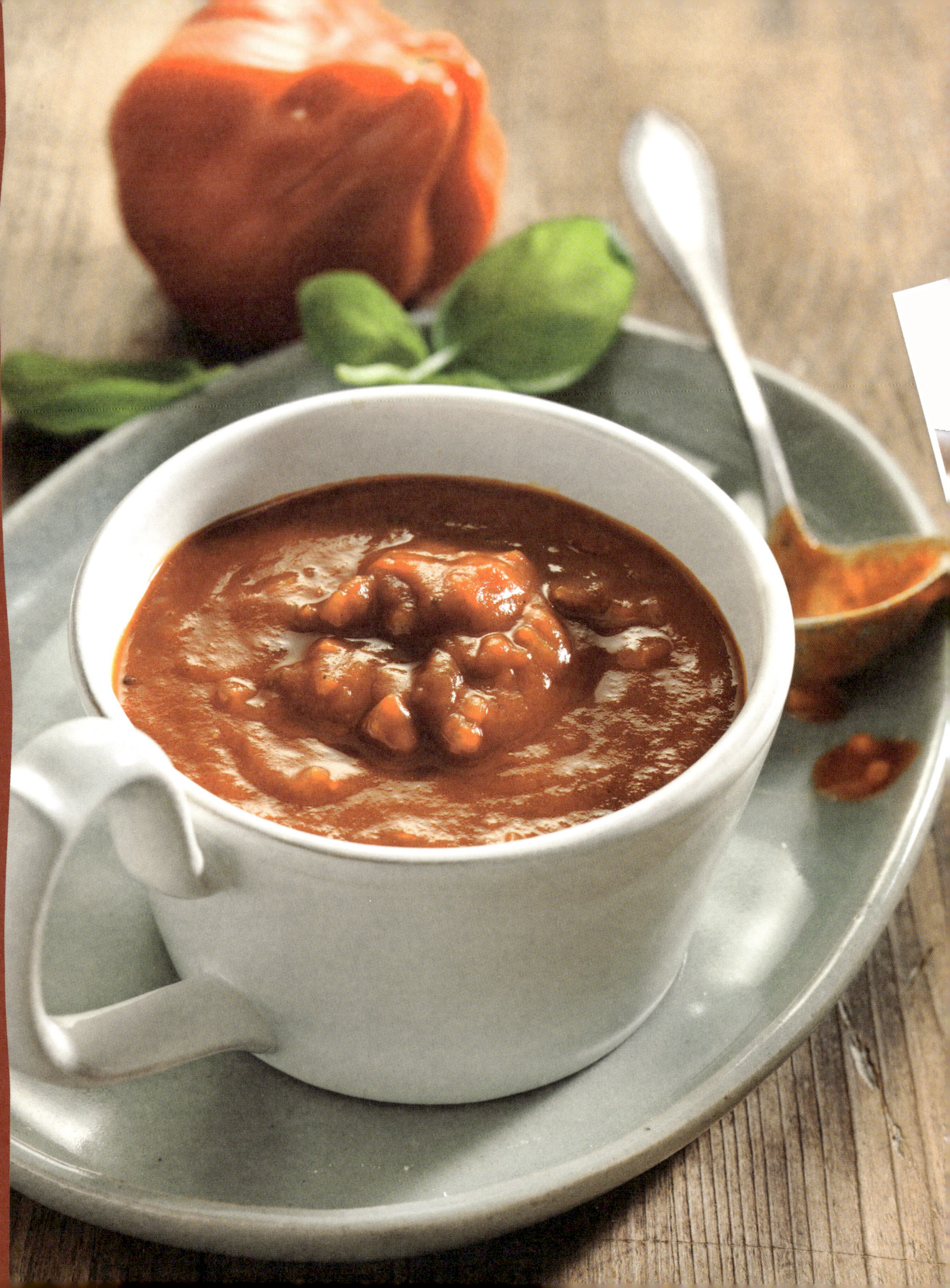

Salsa di pomodoro 2

(Tomatensauce 2)

Wir erhitzen das Öl in einer großen Pfanne, geben das Soffritto dazu und schmoren es für ein paar Minuten unter gründlichem Umrühren. Mit Knoblauch, Tomatenmark und etwas Wasser kurz weiterschmoren. Saft der Tomaten und Wein angießen und alles zum Kochen bringen. Inzwischen schneiden wir eine Hälfte der Tomaten in Würfel und entfernen dabei harte Teile und Samen. In die Pfanne geben und mit Salz, Pfeffer und ggf. dem Brühwürfel abschmecken und zugedeckt 20 Minuten leise köcheln lassen.
Zum Schluss Basilikum unterrühren.

*Vorbereitungszeit
ca. 45 Minuten*

Zutaten für 500 g Pasta:

*Olivenöl zum Anbraten
1 Portion Soffritto
(s. Grundrezept S. 194)
2 gehackte
Knoblauchzehen
1 EL 3fach konzentriertes
Tomatenmark
1/2 Dose (200 g)
Pomodori pelati
1 Schuss trockener
Rotwein
1/2 trockener Peperoncino
Salz und Pfeffer aus der
Mühle
1/2 Würfel Gemüsebrühe
(bei Bedarf)
2 EL Basilikum,
grob gehackt*

Sugo al pomodoro e piselli

(Erbsen-Tomatensauce)

Zutaten für 4 Personen:

ca. 200 g tiefgefrorene oder frische feine Erbsen
1/2 Gemüsezwiebel
etwas Butter
Salz und Pfeffer
Muskatnuss
ca. 200 ml passierte Tomaten
1 TL Tomatenmark

Wir kochen die Erbsen in Salzwasser ca. 10 Minuten lang, bis sie halb gar sind, sieben sie durch und schrecken sie unter kaltem Wasser ab. So behalten sie ihre schöne Farbe.

In der Zwischenzeit hacken wir die Zwiebel sehr fein und braten sie in einer größeren Pfanne in zerlassener Butter glasig.

Die Erbsen dazugeben, kräftig mit Salz, Pfeffer und Muskatnuss würzen und ein paar Minuten gut anbraten lassen.

Dann geben wir die passierten Tomaten und in wenig Wasser gelöstes Tomatenmark darüber. Die Pfanne zudecken und ca. 15 Minuten leise weiterköcheln.

Sollte die Sauce nach dieser Zeit noch zu flüssig sein, einfach den Deckel abnehmen und ein paar Minuten auf hoher Flamme verdampfen lassen.

Vorbereitungszeit ca. 30 Minuten

Diese schnell zubereitete und doch köstliche Sauce eignet sich hervorragend für kurze Pastasorten wie Penne, Rigatoni, Maccheroni, aber auch für Conchiglie (das sind die muschelförmigen Nudeln), allerdings nicht für Suppli.

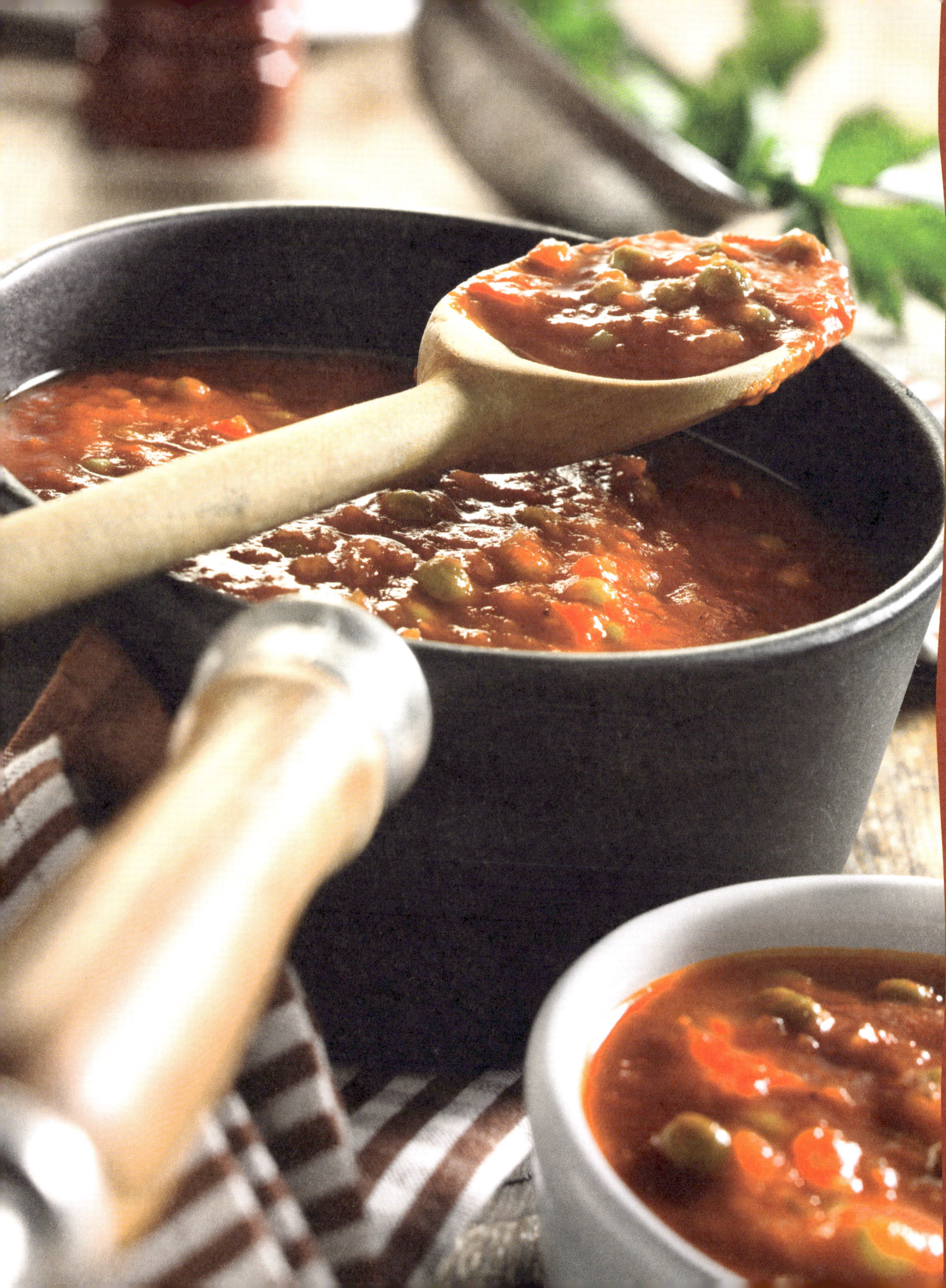

Besciamella

(Béchamelsauce)

Zutaten für 500 ml Sauce:

500 ml Milch
Salz und Pfeffer
reichlich Muskatnuss
50 g Butter
40 g Mehl
(ca. 2 gehäufte EL)

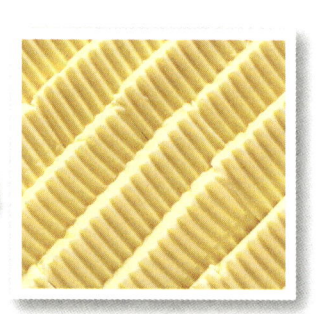

Wir würzen die Milch kräftig mit Salz, Pfeffer und viel Muskatnuss und kochen sie auf.
In einem Antihafttopf zerlassen wir auf kleiner Flamme die Butter. Sobald sie geschmolzen ist, sieben wir das Mehl darüber. Zugleich rühren wir kräftig mit einem Schneebesen und – siehe rechts, mithilfe eines Assistenten – gießen wir langsam die heiße Milch dazu. Dabei immer weiter kräftig rühren, bis eine festere Sauce entsteht. Sie wird beim Abkühlen noch etwas andicken, hier ist also Ihr ganzes Feingefühl gefragt!

*Vorbereitungszeit
ca. 15 Minuten*

Bilden sich trotz aller Mühe doch einmal hässliche Klümpchen, greife ich zu radikalen Maßnahmen: Mit meinem Pürierstab erledige ich den Fall so. Vor einer Béchamelsauce habe ich noch nie kapituliert!

Nach vielen Jahren beinahe akrobatischer Verrenkungen, das Mehl zur Herstellung einer Béchamelsauce klümpchenfrei durch ein Milchsieb in den Topf zu bekommen, habe ich von meiner mitfühlenden Nachbarin ein richtiges Mehlsieb erhalten. Das Geheimnis einer guten – und frustfrei zubereiteten – Béchamelsauce liegt nämlich im „regenartigen" Fall des Mehls in die geschmolzene Butter. Dabei soll es kräftig und schnell mit einem Schneebesen gerührt werden, im Idealfall wird zeitgleich noch die heiße Milch langsam dazu gegossen. Dabei erweist sich die Anwesenheit eines kooperativen Ehemannes, Freundes, einer Freundin oder Nachbarin als recht hilfreich. Aber mit ein bisschen Übung klappt es auch im Alleingang.

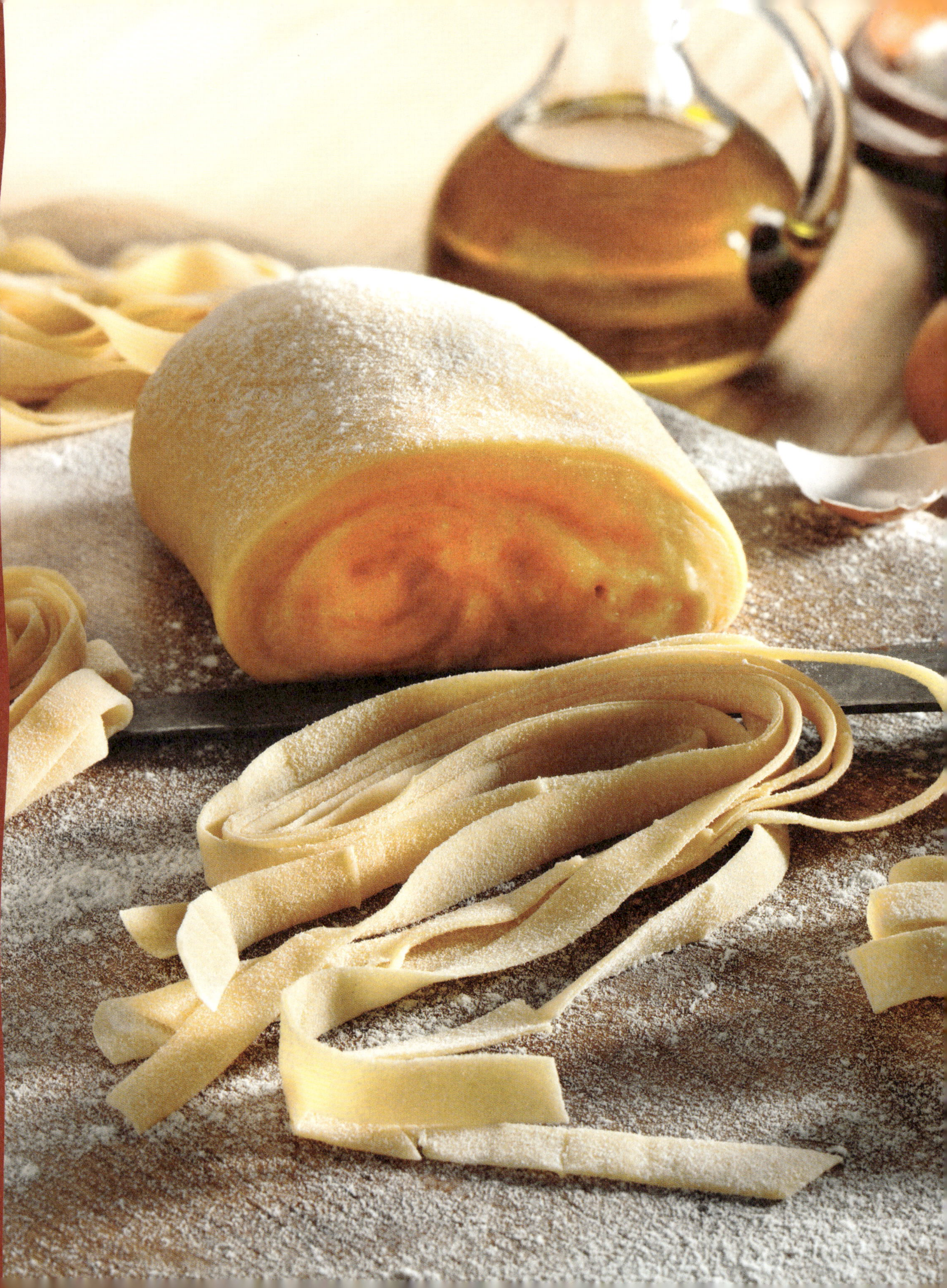

Pasta all'uovo
(Frischer Eierteig)

Das Mehl auf eine saubere Arbeitsfläche zu einem kleinen Berg sieben und eine Mulde in die Mitte drücken. Eier und Öl hineingeben und mit einer Gabel oder dem Stiel eines Holzlöffels langsam mit dem Mehl verrühren, bis ein weicher, nicht zu klebriger Teig entstanden ist.

Jetzt fangen wir an zu kneten, bestreuen eventuell die Arbeitsfläche mit weiterem Mehl und kneten weiter, bis wir eine glatte, geschmeidige Kugel haben. Das dauert ca. 15 Minuten.
Wir lassen die Kugel in Frischhaltefolie gewickelt im Kühlschrank für ca. 30 Minuten ruhen (oder bis wir für die weitere Verarbeitung bereit sind – es sollte aber auf jeden Fall am selben Tag geschehen. Jetzt können wir das Nudelholz schwenken!

Vorbereitungszeit ca. 20 Minuten

Zutaten für 4 Personen:

500 g Mehl
5 bis 6 Eier

Ich gieße 1 Schuss Öl dazu, es macht den Teig geschmeidiger.

In der Emilia Romagna auch „la sfoglia" genannt, nicht zu verwechseln mit der „pasta sfoglia", denn das heißt Blätterteig. Wichtig zur Herstellung eines guten Eierteigs ist die Qualität des Mehls. In Italien nimmt man „Typ 00", das sogenannte „doppio zero", die feinste, fast pudrige Sorte. Es nimmt die Eier besser auf als grobes Mehl; wir nehmen normalerweise 1 Ei auf 100 g Mehl. Bei anderen Mehlsorten habe ich Schwierigkeiten, mit dem klassischen 1:1-Verhältnis einen glatten Teig hinzubekommen, deswegen nehme ich 1–2 Eier mehr, je nach Mehlmenge. Eierteig kann durchaus auf Vorrat hergestellt werden. Sie können z. B. Tagliatelle in „Nester" zusammenrollen und trocknen. In gut verschließbaren Gläsern oder Dosen können sie wunderbar für einige Wochen aufbewahrt werden. Ein kleines italienisches Geheimnis: Das Mehl durch ein feines Sieb auf die Arbeitsfläche rieseln lassen, bevor die Eier in die Mulde kommen, so wird der Teig luftiger und ist einfacher zu bearbeiten!

Grundrezepte

Soffritto
(„Gemüseschwitze")

Zutaten für ein Gericht für 4 Personen (Gemüsemenge ergibt etwa 4 EL Soffritto):

1 kleine Gemüsezwiebel
1 Stange Sellerie
1 kleine Möhre
Öl zum Anbraten

Wir hacken das Gemüse. In heißem Olivenöl anbraten, bis die Zwiebel glasig geworden ist und die Flüssigkeit fast komplett verdampft ist (ca. 3–5 Minuten).
Dann folgt man dem jeweiligen Rezept.

*Vorbereitungszeit
10 Minuten*

Grundrezepte | 195

Dado da brodo di verdura

(Paste für Gemüsebrühe)

Zutaten für 4 Personen:

4 bis 6 Selleriestangen (ca. 200 g)
1 Gemüsezwiebel
1 Zucchino
2 Mohrrüben,
1 Sträußchen Petersilie ohne Stiele
2 Rosmarinzweige, gerebelt
ca. 10 Salbeiblätter
1 EL Olivenöl
200 g grobes Meersalz

Wir putzen das Gemüse und hacken Gemüse und Kräuter nicht zu grob. Mit dem Öl in einen Topf füllen.

Jetzt streuen wir das Salz darüber, setzen den Deckel auf und lassen das Ganze auf kleiner Flamme ca. 1 Stunde 30 Minuten kochen. Kein Wasser hinzufügen!

Danach pürieren wir die Mischung nicht zu fein und stellen sie wieder aufs Feuer, um die ausgetretene Flüssigkeit zu reduzieren, bis wir eine cremige, feste Paste haben.

Wir füllen die Paste in sterilisierte Einmachgläser und bewahren sie im Kühlschrank auf.

Diese Paste hält sich 6–8 Monate.

Vorbereitungszeit
2 Stunden 30 Minuten

Wir nennen diese Paste „dado", also Würfel, auch wenn sie gelöffelt wird. Ein gestrichener EL der Paste entspricht einem industriell hergestellten Brühwürfel.

Dado da brodo di carne
(Paste für Fleischbrühe)

Zutaten für 4 Personen:

500 g Suppenfleisch vom Rind
1/2 Suppenhuhn (ca. 500 g)
1 Mohrrübe
2 Selleriestangen
1 Gemüsezwiebel
1 Sträußchen Petersilie ohne Stiele
500 g grobes Meersalz
3 Knoblauchzehen
1 TL weiße Pfefferkörner
2 EL Tomatenmark

Wir befreien Suppenfleisch und Suppenhuhn von Fett und Knochen bzw. Haut. Dann putzen wir das Gemüse und schneiden es in grobe Stücke. In einen Suppentopf geben, Salz, Knoblauch und Pfeffer dazugeben und mit kaltem Wasser bedecken. Zum Kochen bringen und 1 Stunde 30 Minuten leise weiterköcheln lassen.

Jetzt die Brühe durchsieben, die wir anderweitig verwenden können. Fleisch und Gemüse sehr fein hacken oder in einem Mixer zerkleinern. Ganz wenig von der Brühe dazu gießen.

Wir füllen die Paste in saubere Einmachgläser und sterilisieren sie im Wasserbad.

Im Kühlschrank aufbewahrt hält sich die Paste 6–8 Monaten, sie kann alternativ auch eingefroren werden.

Vorbereitungszeit
3 Stunden 30 Minuten

Polenta
(Maisgrieß)

Zutaten für 4 Personen:

1 gestrichener EL grobes Salz
1 1/4 l Wasser
350 g Maisgrieß
1 zweiter Topf mit kochendem Wasser für den Notfall

Polenta wird klassisch in einem Kupfertopf gekocht. Wer keinen besitzt so wie ich, nimmt am besten einen Tontopf, darin brennt es nicht so schnell an. Hilfreich ist auch ein richtig großes Holzbrett oder eine Marmorplatte, alternativ ein großer, vorgewärmter Servierteller, auf den der heiße Grieß gegossen wird. Die Polentaschicht sollte höchstens 5 cm hoch werden.

Salzwasser im Tontopf zum Kochen bringen, dann auf kleine Flamme stellen. Den Maisgrieß einrieseln lassen und dabei permanent mit einem Holzlöffel rühren, damit sich keine Klumpen bilden. Wir rühren für ca. 40 Minuten bzw. bis die Polenta sich von den Topfwänden löst weiter auf mittlerer Flamme. Ich probiere immer wieder davon, bis der Grieß sich im Mund schön geschmeidig anfühlt.

Wir brauchen auf jeden Fall einen zweiten Topf mit kochendem Wasser, falls die Polenta zu fest wird. Sie soll weich werden, denn schon beim leichten Abkühlen wird sie von alleine fester.

Ist der Grieß gar, gießen wir ihn auf ein Holzbrett und servieren ihn heiß als Beilage zu deftigen Gerichten. Reste können in Scheiben geschnitten und in einer gusseisernen Pfanne geröstet statt Brot oder Kartoffeln bei der nächsten Mahlzeit genossen werden.

Vobereitungszeit ca. 1 Stunde

Polenta ist ein typisches Rezept aus Norditalien bzw. im Veneto fester Bestandteil der klassischen regionalen Küche. Polenta hat während der Kriege hungrige Mäuler gestopft, als die Armut fast überall herrschte, besonders aber im Veneto. Kaum ein Mensch weiß, dass die meisten italienischen Auswanderer aus dieser Region und nicht aus Süditalien stammten. Die sind nur nicht so laut … Auch der Familie meiner Mutter blieb dieses Schicksal nicht erspart. Meine drei Onkel stiegen eines nachts Ende der 1940er-Jahre auf einen Dampfer nach Australien und der jüngste ist nie zurückgekehrt. Auch die älteren Tanten wanderten für einige Jahre nach England und in die Schweiz aus, kehrten allerdings zurück. Typisch für die harten Zeiten war das berühmte Gericht „polenta e baccalá", Maisgrieß mit Stockfisch.

Ragù di soja
(Sojaragu)

Eine Volksweisheit aus Italien: Pasta wird mit Sauce genossen und nicht andersherum. Bitte, ertränkt eure armen Nudeln nicht in Sauce! Pasta (il primo) sollte nur der Anfang einer Mahlzeit und nicht ihr Ende sein. Ihre Aufgabe besteht darin, den Magen auf weitere Gänge vorzubereiten und nicht zu stopfen, also, für vier Personen bitte nicht mehr als 300 g Pasta!

Zutaten für 2 Portionen à 4 Personen:

150 g Tofu, zerbröselt,
100 g Sojagranulat (Trockengewicht, ergibt 300 g feuchte Masse)
300 ml kräftige Gemüsebrühe
1 Portion Soffritto (s. Grundrezept S. 194)
Olivenöl zum Anbraten
Salz und Pfeffer
Muskatnuss
1 Glas trockener Rotwein
1/2 trockener Peperoncino
1 Lorbeerblatt
1 Würfel Gemüsebrühe
3 EL gehackte Petersilie
2 gehackte Knoblauchzehen
1 Dose (400 g) Pomodori pelati
1 EL Tomatenmark
50 g marinierter Tempeh (s. Grundrezept S. 183)
1 Schuss Milch
Parmesan zum Bestreuen

Der Tofu bedarf in diesem Fall keiner Marinade, da er lange genug mit den würzigen Zutaten kochen wird. Wir kochen das Sojagranulat in der Gemüsebrühe auf, lassen es 15 Minuten quellen und drücken es gut aus.

Die Soffrittomischung in einem großen Topf in Olivenöl anbraten, bis die Zwiebel glasig wird. Mit Salz, Pfeffer und Muskatnuss würzen.

Sojagranulat und Tofu hinzufügen, mischen und anbraten. Bei großer Hitze mit Rotwein ablöschen und verdampfen lassen.

Peperoncino, Lorbeerblatt, zerbröselten Brühwürfel, Petersilie und Knoblauch gründlich untermischen, ein paar Minuten ziehen lassen.

Von harten Teilen befreite zerkleinerte Pomodori pelati samt Flüssigkeit und Tomatenmark zugießen und auf sehr kleiner Flamme zugedeckt ca. 2 Stunden 30 Minuten köcheln lassen (bis das Soja "nicht mehr nach Soja riecht"). Immer wieder abschmecken und bei Bedarf Wein und Wasser angießen, damit die Sauce nicht anbrennt.

Wir braten den marinierten Tempeh in einer separaten Pfanne knusprig und geben ihn zum Schluss zu der fertigen Sauce.

Kurz vor Ende der Garzeit einen Schuss Milch in die Sauce geben und etwas ziehen lassen.

Die gewählte Pastasorte mit 1 Schuss Olivenöl beträufeln, mit geriebenem Parmesan bestreuen und die Hälfte der Sauce untermischen. Die andere Hälfte der Sauce kann eingefroren werden.

Vorbereitungszeit ca. 3 Stunden

Ragù di carne
(Fleischragu)

Zutaten für 2 Portionen à 4 Personen:

*1 Portion Soffritto
(s. Grundrezept S. 194)
Olivenöl zum Anbraten
Salz und Pfeffer
Muskatnuss
50 g gehackte Pancetta
oder Speck
400 g gemischtes
Hackfleisch
1 Glas trockener Rotwein
1/2 trockener Peperoncino
1 Lorbeerblatt
1 Würfel Gemüsebrühe
3 EL gehackte Petersilie
2 gehackte
Knoblauchzehen
1 Dose (400 g)
Pomodori pelati
1 EL Tomatenmark
1 Schuss Milch
Parmesan zum Bestreuen*

Die Soffrittomischung in einem großen Topf in Olivenöl anbraten, bis die Zwiebel glasig wird. Mit Salz, Pfeffer und Muskatnuss würzen. Pancetta darin anbraten.
Hackfleisch hinzufügen, mischen und anbraten. Bei großer Hitze mit Rotwein ablöschen und verdampfen lassen.
Peperoncino, Lorbeerblatt, zerbröselten Brühwürfel, Petersilie und Knoblauch gründlich untermischen, ein paar Minuten ziehen lassen.
Von harten Teilen befreite zerkleinerte Pomodori pelati samt Flüssigkeit und Tomatenmark zugießen und auf sehr kleiner Flamme zugedeckt ca. 3 Stunden köcheln lassen (bis das Fleisch „nicht mehr nach Fleisch riecht"). Immer wieder abschmecken und bei Bedarf Wein und Wasser angießen, damit die Sauce nicht anbrennt.
Kurz vor Ende der Garzeit 1 Schuss Milch in die Sauce geben und etwas ziehen lassen, das macht das Fleisch geschmeidiger.
Die gewählte Pastasorte mit 1 Schuss Olivenöl beträufeln, mit geriebenem Parmesan bestreuen und die Hälfte der Sauce untermischen. Die andere Hälfte der Sauce kann eingefroren werden.

Vorbereitungszeit ca. 3 Stunden 30 Minuten

Ich weiß bis heute nicht, warum das uns allen heilige Ragù als „Bolognese" bezeichnet wird, denn es ist fester Bestandteil der Küche mehrerer italienischer Regionen. Es gibt unzählige Varianten dieser berühmten Sauce – in der Emilia Romagna wird sie natürlich aus reinem Schweinefleisch zubereitet, in anderen Regionen aus reinem Rindfleisch, im Norden ohne Peperoncino, im Süden natürlich mit. Meine Mutter hat den Mittelweg gewählt: zur Hälfte Schwein, zur Hälfte Rind, und zu Ehren ihrer Schwester, die jahrzentelang in Apulien gelebt hat, mit einer Prise Peperoncino. Ich gebe hier die Version weiter, die ich von Zuhause kenne und empfehle, zu diesem Ragù außer klassischen Spaghetti verschiedene Pastasorten auszuprobieren, besonders kurze, gerillte, gedrehte Pasta wie Penne, Maccheroni, Sedani, Rigatoni oder Fusilli, aber auch Conchiglie oder Tagliatelle und alle Sorten Eiernudeln, die durch ihre rauere Konsistenz eine grobkörnige Sauce gut „festhalten" können. Dazu gibt es einen tollen Trick, damit die Sauce noch besser an den Nudeln haftet: Erst den Parmesan untermischen, dann das Ragù!

Ragù bianco di seitan o granulato di soja

(Helle Sauce aus Seitan oder Sojagranulat)

Zutaten für 4–6 Personen:

25 g gemischte Trockenpilze
3 EL Bio-Sonnenblumenöl
1 Zweig Rosmarin
Salz und Pfeffer
250 g gehackter Seitan
(oder ca. 80 g trockenes Sojagranulat und
1/3 l Brühe)
2 EL Weißmehl
1 Glas trockener Marsala (alternativ Portwein)
1 Stückchen Brühwürfel
Muskatnuss aus der Mühle
1 guter Schuss Milch oder Sahne
40 g Butter
Parmesan zum Bestreuen

Wir weichen die Pilze ca. 20 Minuten in lauwarmem Wasser ein. Gut ausdrücken und das Wasser durch ein Sieb für den späteren Gebrauch abgießen. Die Pilze grob hacken.
In einem schweren Topf erhitzen wir das Öl und geben die Pilze und den Rosmarinzweig dazu, mit Salz und Pfeffer würzen. Kurz braten, bevor wir den Seitan und 1 EL Mehl dazugeben, gründlich mischen und nochmals würzen. Soja – sollten wir diese Variante wählen – haben wir vor dem Braten in heißer Brühe 15 Minuten quellen lassen und gründlich ausgedrückt.
Sind Seitan oder Sojagranulat gleichmäßig angebraten, löschen wir bei höherer Flamme mit Marsala und bröseln den Brühwürfel darüber. Sobald der Wein verdampft ist, löschen wir mit etwas Pilzwasser ab, stellen die Flamme sehr klein und setzen den Deckel auf.
Sauce mit Seitan etwa 1 Stunde, mit Sojagranulat etwa 2 Stunden köcheln. Wir passen auf, dass immer genug Flüssigkeit im Topf ist, löschen immer wieder mit wenig Pilzwasser ab und würzen eventuell nach. Gerade bei der vegetarischen Version müssen wir auf die Flüssigkeit achtgeben, da weder Seitan noch Sojagranulat Fett abgeben und leichter anbrennen können.
Kurz vor Ende der Garzeit (die Sauce soll „gar" riechen), streuen wir das restliche Mehl über den Topfinhalt und reiben eine gute Prise Muskatnuss darüber. Unter Rühren gießen wir Milch oder Sahne an. Sie bindet mit dem Mehl, die Konsistenz wird schön cremig. Jetzt geben wir die Butter dazu und rühren nochmals sorgfältig um.
Das Ragù können Sie zu verschiedenen Pastasorten verwenden. Mit Parmesan servieren.

Vorbereitungszeit für Seitan ca. 1 Stunde 30 Minuten,
Vorbereitungszeit für Sojagranulat ca. 2 Stunden 30 Minuten

Ragù bianco di vitello
(Helle Kalbfleischsauce)

Zutaten für 4–6 Personen:

25 g gemischte Trockenpilze
3 EL Bio-Sonnenblumenöl
1 Rosmarinzweig
Salz und Pfeffer
250 g gehacktes mageres Kalbfleisch
2 EL Weißmehl
1 Glas trockener Marsala (alternativ Portwein)
1/2 Brühwürfel
Muskatnuss aus der Mühle
1 guter Schuss Milch oder Sahne
40 g Butter
Parmesan zum Bestreuen

Wir weichen die Pilze ca. 20 Minuten in lauwarmem Wasser ein. Gut ausdrücken und das Wasser durch ein Sieb für den späteren Gebrauch abgießen. Die Pilze grob hacken.

In einem schweren Topf erhitzen wir das Öl und geben die Pilze und den Rosmarinzweig dazu, mit Salz und Pfeffer würzen. Kurz braten, bevor wir das Fleisch und 1 EL Mehl dazugeben, gründlich mischen und nochmals würzen. Ist das Fleisch gleichmäßig angebraten, löschen wir bei höherer Flamme mit Marsala und bröseln den Brühwürfel darüber. Sobald der Wein verdampft ist, löschen wir mit etwas Pilzwasser ab, stellen die Flamme sehr klein und setzen den Deckel auf.

Sauce etwa 2 Stunden köcheln. Wir passen auf, dass immer genug Flüssigkeit im Topf ist, löschen immer wieder mit wenig Pilzwasser ab und würzen eventuell nach.

Kurz vor Ende der Garzeit (das Fleisch soll sehr weich im Biss sein), streuen wir das restliche Mehl über den Topfinhalt und reiben eine gute Prise Muskatnuss darüber. Unter Rühren gießen wir Milch oder Sahne an. Sie bindet mit dem Mehl, die Konsistenz wird schön cremig. Jetzt geben wir die Butter dazu und rühren nochmals sorgfältig um.

Das Ragù schmeckt zu verschiedenen Pastasorten. Mit Parmesan servieren.

Vorbereitungszeit ca. 2 Stunden 30 Minuten

Dieses Rezept habe ich in einem alten Kochheft einer meiner Tanten gefunden. Es ist eine feine Variation zum traditionellen Ragù, simpler und schneller in der Vorbereitung, doch nicht weniger schmackhaft und wegen des leichteren Kalbsfleisches sogar etwas angenehmer für die Verdauung. Es lohnt sich nicht unbedingt, größere Mengen für das Tiefkühlfach zu produzieren – die Trockenpilze würden nur an Geschmack verlieren.

Gnocchi di patate
(Kartoffelnocken)

Zutaten für 4–6 Personen:

1 kg Kartoffeln
250 g Weißmehl
2 Eigelb
Salz
50 g geriebener Parmesan
Milch

Wir kochen die Kartoffeln in nicht zu viel leicht gesalzenem Wasser, bis sie fest-gar sind und schälen sie sofort. Es ist wichtig, die Kartoffeln noch warm zu passieren. Ich nehme meine „Flotte Lotte", eine Kartoffelpresse geht auch. Die Kartoffeln werden auf eine mit Mehl bestäubte Arbeitsfläche passiert.

Wenn sie nur noch lauwarm sind, geben wir 2/3 des Mehls hinzu und kneten beides zu einer geschmeidigen Masse. Wichtig: Die Arbeitsfläche muss immer mit reichlich Mehl bedeckt bleiben!

Eine Kuhle in der Mitte der Teigmasse formen; Eigelb und Parmesan sowie etwas Salz hineingeben und weiterkneten. Je nach Konsistenz des Teigs können wir etwas Mehl dazu geben, sollte dieser zu fest werden, lockere ich das Ganze mit einem Schuss Milch auf.

Jetzt schneiden wir ein Stück Teig ab und formen ein langes „Würstchen" von ca. 1,5 cm Durchmesser. Mit Mehl bestäuben und in ca. 2 cm lange Stückchen schneiden, bis der Teig aufgebraucht ist. Aufpassen, dass die Gnocchi nicht aneinander kleben, immer wieder mit Mehl bestäuben.

Wir drücken jetzt die einzelne Gnocchi mit dem Daumen auf eine Gabel, sodass auf unserer Seite eine Kuhle und auf der anderen Seite das Gabelmuster entstehen. Etwa 15–20 Stück auf einen bemehlten Teller arbeiten. In kochendes Wasser geben und herausholen, sobald sie auf der Wasseroberfläche erscheinen. Parallel mit der Gnocchi-Herstellung fortfahren.

Vorbereitungszeit ca. 1–3 Stunden (je nach Anzahl der „Köche") plus Zubereitungszeit für Sauce plus ev. 10 Minuten Backzeit

Unsere Sauce war sehr einfach:
1 Flasche (750 ml) Passata di pomodoro mit etwas Öl, Salz, Pfeffer und einem Stückchen Brühwürfel kurz aufkochen. Frische Basilikumblätter dazugeben.

200 g Fontina (im Notfall tut es ein milder Gouda) in dünne Scheiben schneiden. Gnocchi, Sauce und Käse abwechselnd in eine Backform schichten, die letzte Schicht ist Käse. Für ca. 10 Minuten in den auf mittlere Temperatur vorgeheizten Ofen damit!

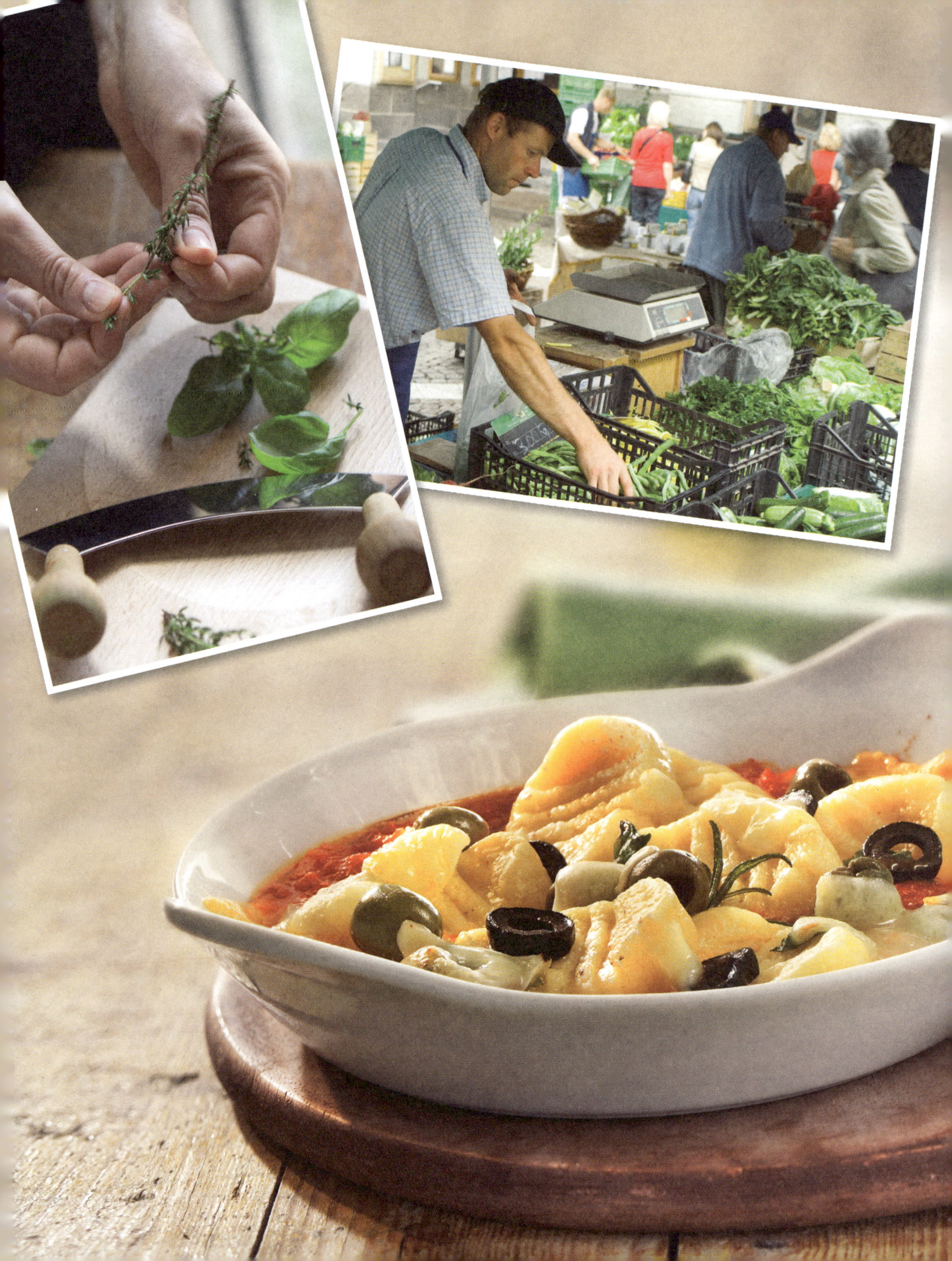

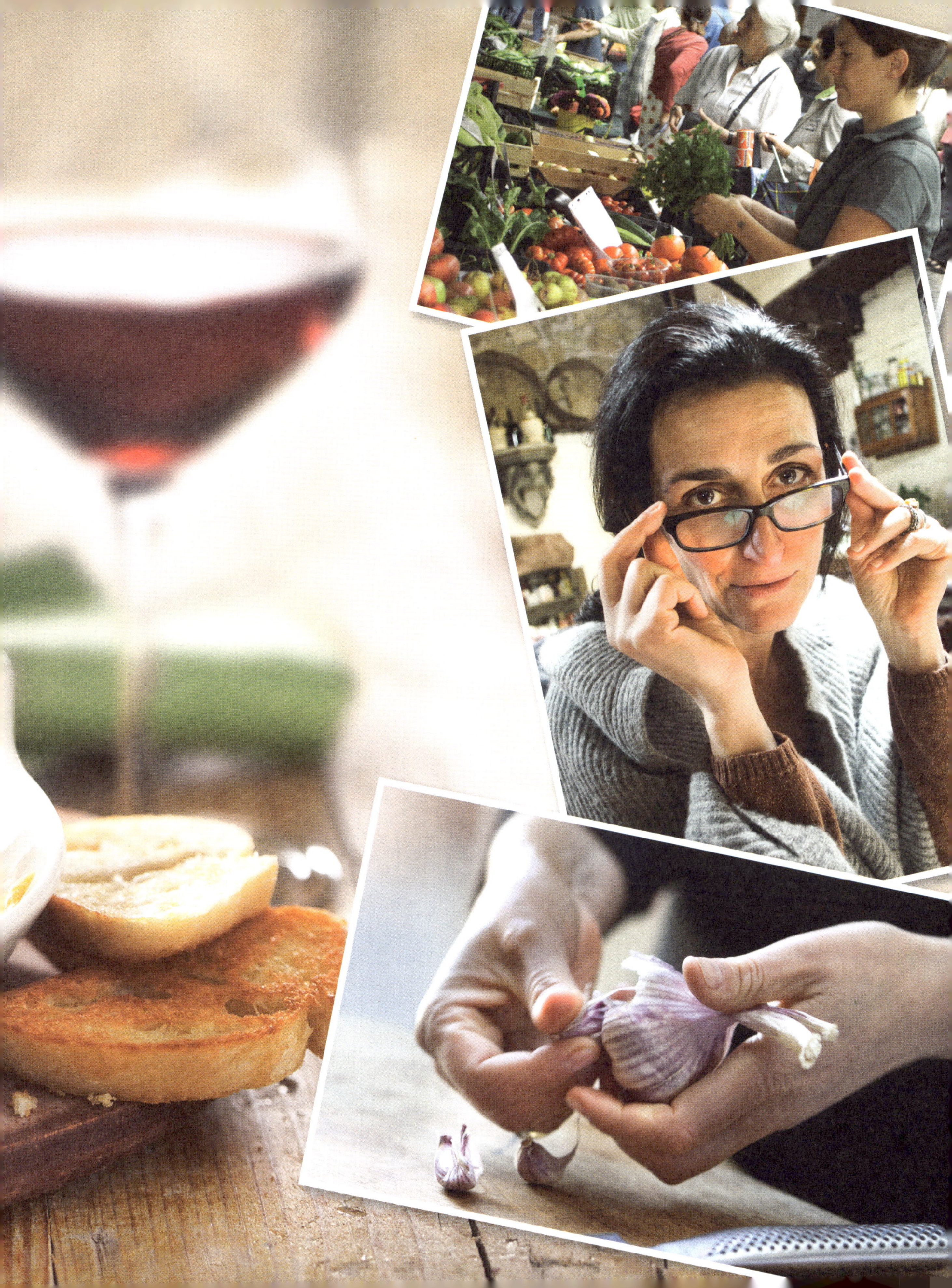

Indice delle ricette

Contorni e antipasti

Cipolle ripiene alla piemontese	37
Cipolle ripiene con seitan e tempeh	36
Cuscinetti di pandorato	46
Fagiolini alla pancetta	35
Fagiolini al tempeh	34
Finocchi gratinati con pancetta	39
Finocchi gratinati con tempeh	38
Frittata di spinaci con striscioline di tempeh	44
Frittata di spinaci e prosciutto	45
Funghi (o seitan) tofate	40
Insalata di valeriana e pancetta croccante	31
Insalata di valeriana e tempeh croccante	30
Olive farcite	42
Pomodori ripieni al tofu	32
Pomodori ripieni al tonno	33
Vitello tonnato	41

Pasta e riso

Bucatini all' amatriciana	52
Fettuccine panna, piselli e prosciutto	51
Fettuccine panna, piselli e tofu	50
Fusilli alla napoletana	66
Gnocchi alla „pastissada" con carne di cavallo o di manzo	83
Gnocchi alla „pastissada" con seitan	82
Gnocchi di patate alla pancetta, noci e panna	85
Gnocchi di patate al tempeh, noci e panna	84
Lasagne alla modenese	76
Maccheroni allo zafferano e salsiccia	87
Maccheroni allo zafferano e tempeh e soja	86
Orecchiette mediterranee con acciughe	57
Orecchiette mediterranee con formaggio di tofu	56
Penne al mascarpone	64
Ravioli alla milanese	79
Ravioli alla milanese, seitan e tempeh	78
Rigatoni agli zucchini e pancetta affumicata	81
Rigatoni agli zucchini e tofu affumicato	80
Risotto alla piemontese con salsiccia	71
Risotto alla piemontese con tempeh e seitan	70
Risotto al radicchio rosso e pancetta affumicata	73
Risotto al radicchio rosso e tofu affumicato	72
Risotto con funghi prataioli e prosciutto affumicato	69
Risotto con funghi prataioli e tofu affumicato	68
Risotto con i carciofi e prosciutto crudo	75
Risotto con i carciofi e tempeh	74
Rotolo di spinaci al prosciutto cotto	63
Rotolo di spinaci al tofu	62
Spaghetti alla carbonara	54
Supplì alla romana	60
Trenette con acciugh e e basilico	59
Trenette con formaggio di tofu e basilico	58

Pesce/tofu

Branzino al finocchio	101
Cernia al limone con spumante	95
Filetti di pesce al forno	93

Filetti di pesce con salsa verde	91
Filetti di sogliola gratinati	97
Filetti di tofu al finocchio	100
Filetti di tofu al forno	92
Filetti di tofu alle verdure	103
Filetti di tofu con salsa verde	90
Filetti di tofu gratinati	96
Merluzzo alla pizzaiola	99
Orata alla pugliese	105
Salmone alle verdure	103
Tofu alla pizzaiola	98
Tofu alla pugliese	104
Tofu al limone	94

Carne/seitan e soja

Agnello alla veneziana	117
Bistecchine di seitan impanate	130
Bistecchine di vitello impanate	131
Brasato di seitan con funghi e cipolline	136
Brasato di vitello con funghi e cipolline	137
Coniglio in umido di mia mamma	125
Fricassea di seitan	132
Fricassea di vitello di Artusi	133
Petti di pollo ai peperoni	121
Petti di pollo cartoccio con Brandy	123
Petti di pollo tartufati	119
Petti di seitan tartufati	118
Piccata al prezzemolo	109
Polpette di carne al sugo	113
Polpette di Soja al sugo	112
Scaloppine di manzo ai capperi	139
Scaloppine di seitan ai capperi	138
Seitan ai peperoni	120
Seitan alla giardiniera	110
Seitan alla ligure	134
Seitan alla veneziana	116
Seitan cartoccio con Brandy	122
Seitan in umido	124
Seitanpiccata al prezzemolo	108
Spezzatino alla boscaiola	128
Spezzatino al limone	126
Stufato alla fiorentina	114
Stufato alla ligure	135
Vitello alla giardiniera	111

Ricette al forno

Crostata di mozzarella e prosciutto	155
Crostata di mozzarella e seitan	154
Pizza di patate alla pugliese	147
Pizza di patate con tofu	146
Pizza ripiena al prosciutto	153
Pizza ripiena al seitan o soja	152
Sformato di taglierini	156
Sformato di zucchine	148
Timballo alla ferrarese	151
Timballo alla ferrarese con seitan e tempeh	150
Timballo di patate ripiene di pollo e prosciutto	145

Timballo di patate ripiene di tofu, tempeh e soja	144
Torta di ricotta con prosciutto	143
Torta di ricotta con tempeh	142

Dolci

Il salame di cioccolato	166
I sughi d'uva	175
La crema al limone di sua sanitá	171
La torta di ricotta al limone di Mimi Okino	161
Limoncello	172
Semifreddo al caffè	168
Torta di carote	165
Torta di mele	162

Ricette base

Besciamella	190
Brodo per seitan	180
Dado da brodo di carne	197
Dado da brodo di verdura	196
Gnocchi di patate	204
Impasto per seitan	178
Marinata per pancetta/tempeh	183
Marinata per pesce/Filetti di tofu	182
Marinata per prosciutto cotto/tofu	183
Pasta all'uovo	193
Polenta	198
Ragù bianco di seitan o granulato di soja	202
Ragù bianco di vitello	203
Ragú di carne	201
Ragú di Soja	200
Salsa di pomodoro 2	187
Soffritto	194
Sugo al pomodoro 1	184
Sugo al pomodoro e piselli	188

Rezeptverzeichnis

Vorspeisen

Brotkisschen mit Sardellen, goldene	47
Brotkisschen mit Tofukäse, goldene	46
Feldsalat mit gebratenem Tempeh	30
Feldsalat mit gebratenen Pancettawürfeln	31
Fenchelgratin mit Bauchspeck	39
Fenchelgratin mit Tempeh	38
Kalbfleisch in Thunfischsauce	41
Oliven, mit Fleisch gefüllte	43
Oliven, mit Seitan und Tempeh gefüllte	42
Omelettes mit Schinken und Spinat	45
Omelettes mit Tempehstreifen und Spinat	44
Pilze – oder Seitan – in Tofusauce	40
Prinzessböhnchen mit Bauchspeck	35
Prinzessböhnchen mit Tempeh	34
Tomaten, mit Thunfisch gefüllte	33
Tomaten, mit Tofu gefüllte	32
Zwiebeln mit Seitan und Tempeh, gefüllte	36
Zwiebeln piemonteser Art, gefüllte	37

Pasta und Reis

Fettuccine mit Sahne, Erbsen und mariniertem Tofu	50
Fettuccine mit Sahne, Erbsen und Schinken	51
Fusilli neapolitanischer Art mit Pancetta	67
Fusilli neapolitanischer Art mit Tempeh	66
Kartoffelnocken mit Speck, Sahne und Walnüssen	85
Kartoffelnocken mit Tempeh, Sahne und Walnüssen	84
Lasagne Modena Art mit Fleischragù	77
Lasagne Modena Art mit Sojaragù	76
Nocken „Schöne Bescherung" mit Pferde- oder Rindfleisch	83
Nocken „Schöne Bescherung" mit Seitan	82
Orecchiette mit Anchovis, mediterrane	57
Orecchiette mit Tofukäse, mediterrane	56
Penne mit Mascarpone und Schinken	65
Penne mit Mascarpone und Tofu	64
Ravioli mailänder Art mit Rind und Schinken	79
Ravioli mailänder Art mit Seitan und Tempeh	78
Reiskroketten römische Art, gefüllte	61
Rigatoni mit Zucchini und Räucherspeck	81
Rigatoni mit Zucchini und Räuchertofu	80
Risotto mit Artischocken und rohem Schinken	75
Risotto mit Artischocken und Tempeh	74
Risotto mit Champignons und Räucherschinken	69
Risotto mit Champignons und Räuchertofu	68
Risotto mit Radicchio und Räucherspeck	73
Risotto mit Radicchio und Räuchertofu	72
Risotto piemonteser Art mit Bratwurst	71
Risotto piemonteser Art mit Tempeh und Seitan	70
Safran-Röhrennudeln mit Fleischwurst	87
Safran-Röhrennudeln mit Tempeh und Soja	86
Spaghetti mit Pancetta affumicata	55
Spaghetti mit Räuchertofu	54
Speck-Tomatensauce	53
Spinatstrudel mit Kochschinken	63
Spinatstrudel mit Schinkentofu	62
Supplì alla romana	60
Tempeh-Tomatensauce	52

Trenette mit Anchovis und Basilikum	59
Trenette mit Tofukäse und Basilikum	58

Fisch/Tofu

Fischfilets, gebackene	93
Fischfilets mit grüner Sauce	91
Goldbrasse apulische Art	105
Kabeljau Pizzaiola Art	99
Kalbsfrikassee nach Artusi-Art	133
Kalbsgulasch nach Jägerart	129
Lachs mit Gemüse	103
Schollenfilets, gratinierte	97
Tofu apulische Art, marinierter	104
Tofufilets, gebackene	92
Tofufilets, gratinierte	96
Tofufilets mit Fenchelgemüse	100
Tofufilets mit Gemüse	102
Tofufilets mit grüner Sauce	90
Tofu mit Zitrone und Spumante	94
Tofu Pizzaiola Art	98
Wolfsbarsch mit Fenchelgemüse	101
Zackenbarsch mit Zitrone und Spumante	95

Fleisch/Seitan und Soja

Fleischbällchen in Tomatensauce	113
Hähnchenbrustfilets in Trüffelsauce	119
Hähnchenbrustfilets mit Paprika	121
Hase nach Art meiner Mutter, geschmorter	125
Hühnerbrustfilets mit Brandy	123
Kalbsbraten mit Pilzen und Perlzwiebeln	137
Kalbsfleisch Gärtnerin, geschmortes	111
Kalbsnussscheiben mit Petersilie	109
Kalbsschnitzel, panierte	131
Lamm aus dem Veneto	117
Putengulasch in Zitronensauce	127
Rindergulasch florentinische Art	115
Rinder-Minutenschnitzel in Kapernsauce	139
Schmorbraten auf ligurische Art	135
Seitan alla veneziana	116
Seitan auf ligurische Art, geschmorter	134
Seitanbraten mit Pilzen und Perlzwiebeln	136
Seitanfilet mit Brandy	122
Seitanfilets in Trüffelsauce	118
Seitanfilets mit Paprika	120
Seitanfrikassee	132
Seitan Gärtnerin-Art	110
Seitan, geschmorter	124
Seitangulasch florentinische Art	114
Seitangulasch in Zitronensauce	126
Seitangulasch nach Jägerart	128
Seitanscheiben mit Petersilie	108
Seitanschnitzel in Kapernsauce	138
Seitanschnitzel, panierte	130
Sojabällchen in Tomatensauce	112

Ofengerichte

Auflauf von dünnen Bandnudeln mit Prosciutto cotto	157
Auflauf von dünnen Bandnudeln mit Schinkentofu	156
Kartoffelpizza apulische Art	147
Kartoffelpizza mit Räuchertofu	146
Kartoffeltorte, mit Hähnchenleber und Schinken gefüllte	145
Kartoffeltorte, mit Tofu, Tempeh und Soja gefüllte	144
Kuchen aus Ferrara, gedeckter	151
Kuchen aus Ferrara mit Seitan und Tempeh, gedeckter	150
Mürbeteigkuchen mit Mozzarella und Prosciutto cotto	155
Mürbeteigkuchen mit Mozzarella und Seitan	154
Pizza, mit Schinken gefüllte	153
Pizza, mit Seitan oder Soja gefüllte	152
Ricottakuchen mit prosciutto	143
Ricottakuchen mit Tempeh	142
Zucchini-Schinken-Auflauf	149
Zucchini-Tofu-Auflauf	148

Desserts

Apfelkuchen	162
Halbgefrorenes mit Kaffee	168
Mimi Okinos Ricotta-Zitronenkuchen	161
Mohrrübenkuchen	165
Päpstliche Zitronencreme	171
Schokoladenrolle	166
Traubenmostgelee	175
Zitronenlikör	172

Grundrezepte

Béchamelsauce	190
Eierteig, frischer	193
Erbsen-Tomatensauce	188
Fleischragù	201
Gemüseschwitze	194
Grundmarinade für Fisch/Tofufilets	182
Grundmarinade für Kochschinken/Tofu	183
Kalbfleischsauce, helle	203
Kartoffelnocken	204
Maisgrieß	198
Marinade für Pancetta-Bauchspeck/Tempeh	183
Paste für Fleischbrühe	197
Paste für Gemüsebrühe	196
Sauce aus Seitan oder Sojagranulat, helle	202
Seitansud	180
Seitanteig	178
Sojaragu	200
Tomatensauce 1	184
Tomatensauce 2	187

Grazie!

Für meine Eltern Marcella e Alfio und für unsere italienische Großfamilie.

Grazie an York Penno und Tom Haugh von den Woopax für die Erstentwürfe des Konzeptes, Grafik, Lektorat, für ihre Freundschaft und Unterstützung.

An Bert Sahm, langjähriger Kreativboss und bester Freund für die Begleitung durch den schöpferischen Prozess mit seiner unendlichen Erfahrung, Weisheit, den positiven Impulsen und Stylingtipps.

An Angelika Beuler, Freundin und starke Schulter in schwachen Momente.

An meine lieben New Yorker Freunde: Mimi Okino und ihren Mann Bill für das Rezept des Ricotta-Zitronenkuchens, Susan Lusk und Mark Gabor für die Unterstützung als Autoren und Experten im Verlagswesen und für wunderschöne Tage auf der 5th Ave und im Wald, an Joe Barnes für die vielen Geschichten über italienische Köche in NYC, das signierte Kochbuch von Alfredo Viazzi und die weisen Ratschlägen in puncto Leben. Vor allem grazie für euren Enthusiasmus, eure positive Einstellung und cheerleading position.

An Nessi Tausendschön und William Mc Kenzie, auf deren Gartenparty ich Thomas Kleinrahm begegnete – der mir den ersten Anstoß gab, die Idee für dieses Buch in die Tat umzusetzen und mit dem Kochen und Schreiben endlich anzufangen. Ein magischer Abend. Ich danke euch.

An alle Freunde, Bekannte und Nachbarn für ihre Bereitschaft, an meinen kulinarischen Versuchen teilzunehmen, für ihre Eingebungen und Ratschläge, ich hätte es nie alleine geschafft!

An Marion Klask, fürsorgliche Mentorin und Dr. Thomas Hauffe vom Fackelträger Verlag dafür, dass sie immer an mein Projekt geglaubt, es ermöglicht und mich in diesem Abenteuer begleitet haben.

An Michael Büsgen und das Team vom Fackelträger Verlag.

An Sabine Durdel, unersetzliche Kraft nicht nur im Lektorat. Ich schätze mich glücklich, solch eine Unterstützung von ihr bekommen zu haben. Man kann nicht behaupten, wir hätten uns gesucht, doch gefunden haben wir uns allemal.

Mein sehr spezieller GRAZIE an Max – unkonventioneller, kooperierender, unterhaltsamer Ehemann und genialer Künstler.

Er hat in den letzten drei Jahren jeden einzelnen Zubereitungsversuch in sämtlichen Variationen gekostet und kommentiert, mit und unter mir gelitten (und geflucht), wann auch immer meine dramatisch-italienischen Krisen und Zweifelattacken mich lahm gelegt haben, sich unzählige Filme und Sendungen um das Thema Kochen mitangeschaut, mich mit Luxusküchengeräten und exotischer Kochliteratur beschenkt ... immerhin war sein Vater Chef im eigenen Restaurant.

Er lebte als gebürtiger Bonner in jungen Jahren in Perugia, wo er an der Kunstakademie studierte und Italienisch lernte; dort lernte er auch, italienisch zu kochen: Seine selbst gebackene Pizza ist legendär, seine „Arrabbiata"` richtig rabiat.

Jetzt, da das Buch endlich erscheint, denkt er bestimmt, der Wahnsinn habe endlich sein Ende erreicht. Der Arme ahnt noch nicht, dass ich schon eine neue Idee habe ...

Mein Papá Alfio

Tutta la familia, links meine Mutter und mia

In der Mitte: mein Papá Alfio

Mein Onkel Franco und meine Tante Giannina

Meine Onkel Alberico und Bruno

Danksagung | 215

Apunti

Apunti

Apunti

Apunti

Apunti

Apunti

Apunti

Apunti

Alle Angaben in diesem Werk wurden sorgfältig erarbeitet. Dennoch erfolgen alle Angaben ohne Gewähr. Die in diesem Buch enthaltenen Informationen sind weder völlig umfassend noch verbindlich. Verlag und Autoren haften nicht für eventuelle Nachteile und Schaden, die aus den im Buch gemachten praktischen Hinweisen und dem Genuss genannter Nahrungsmittel resultieren.

© 2013 Fackelträger Verlag GmbH, Köln

Alle Rechte vorbehalten
Lektorat: Sabine Durdel-Hoffmann
Fotos: S. 72: © ChantalS – Fotolia.com; S. 89 (u), 105 (r), 111 (ul): Michael Büsgen; S. 215: Micaela Stermieri
Alle übrigen: TLC Fotostudio
Coverabbildung vorn: © StockFood/Sporrer/Skowronek

Gesamtherstellung: Fackelträger Verlag GmbH, Köln

ISBN: 978-3-7716-4514-4
www.fackeltraeger-verlag.de